Andreas Nicolin

Anpassungsprozesse im Arbeitsmarkt

Hochschulschriften

Band 36

Andreas Nicolin

Anpassungsprozesse im Arbeitsmarkt

Eine dynamische Theorie der Bildung von Effizienzlöhnen

Metropolis Verlag
Marburg 1997

D 19
∞

Die Deutsche Bibliothek – CIP-Einheitsaufnahme

Nicolin, Andreas:
Anpassungsprozesse im Arbeitsmarkt: eine dynamische Theorie der Bildung von Effizienzlöhnen / Andreas Nicolin – Marburg: Metropolis-Verl., 1997
(Hochschulschriften, Bd. 36)
Zugleich: München, Univ., Diss., 1997
ISBN 3-89518-166-8

Metropolis-Verlag für Ökonomie, Gesellschaft und Politik GmbH
Postfach 1748, D-35007 Marburg

Druck: Rosch Buch, Scheßlitz

ISBN 3-89518-166-8

Inhaltsverzeichnis

Abbildungsverzeichnis

Kapitel 1

Einleitung

Arbeitslosigkeit ist das zentrale Problem der hochentwickelten Volkswirtschaften im ausgehenden 20. Jahrhundert. In der Bundesrepublik Deutschland waren im Jahre 1996 im Jahresdurchschnitt 3,965 Millionen Arbeitslose gemeldet.[1] Zu Beginn des Jahres 1997 wurde sogar die Marke von 4,5 Millionen deutlich überschritten. Diese Zahlen sind das vorläufige Ende einer Entwicklung der letzten Jahrzehnte, die eine ständige Steigerung der Arbeitslosenzahlen hervorbrachte. Eine Abschwächung oder gar Umkehr dieser Tendenz ist nicht abzusehen. Konjunkturaufschwünge laufen regelmäßig "am Arbeitsmarkt vorbei". Andere westliche Industriestaaten sind mit ähnlichen Fehlentwicklungen konfrontiert.

Das Phänomen der Massenarbeitslosigkeit, das sich in zahllosen Einzelschicksalen äußert, eine Vergeudung von Ressourcen bedeutet und auch darüber hinaus von hoher gesellschaftlicher Relevanz ist, stellt zweifelsohne für die Wirtschaftswissenschaften eine gewaltige Herausforderung dar. Erst wenn wir die Ursachen dieser Fehlentwicklung erkennen und identifizieren, können wir sie wirksam bekämpfen.

Nun tut sich aber die Wirtschaftswissenschaft schwer, überhaupt stichhaltige Argumente für die Existenz von unfreiwilliger Arbeitslosigkeit in einer Marktwirtschaft zu finden. Zwar hat schon Keynes (1936) darauf hingewiesen, daß auf makroökonomischer Ebene Ko-

[1] Vgl. die Zahlen des Instituts der Deutschen Wirtschaft Köln (IW (1997)).

ordinationsprobleme entstehen, die letztlich darauf beruhen, daß die aggregierte Nachfrage und das aggregierte Angebot Relationen sind, die eine von den namensgleichen mikroökonomischen Relationen völlig verschiedene Struktur besitzen. Keynes folgerte aus seinen Überlegungen, daß aufgrund einer unzureichenden effektiven Güternachfrage dauerhaft unausgelastete Kapazitäten entstehen können.

Keynes' Vorstellungen können jedoch die Frage, warum es über die Variation der Geldlöhne letztlich nicht doch zu einer Räumung des Arbeitsmarktes kommt, nicht überzeugend beantworten. Die moderne Wirtschaftstheorie hat daher die Ursachen für Arbeitslosigkeit eher in Besonderheiten des Arbeitsmarktes selbst zu finden versucht. Es wurden Strukturmerkmale des Arbeitsmarktes analysiert, die einer Markträumung durch den Lohn offenbar grundsätzlich entgegenstehen. Insbesondere den auf Informationsasymmetrien bzw. Vertragsprobleme abstellenden Theorien wurde dabei besondere Aufmerksamkeit zuteil. Die Effizienzlohntheorie, die auch einen Schwerpunkt der vorliegenden Arbeit bilden wird, hat diese Aspekte systematisch behandelt.[2]

Unabhängig von der Frage der präzisen theoretischen Fundierung ist inzwischen unter Wirtschaftswissenschaftlern die Ansicht vorherrschend, daß es in einer kapitalistischen Volkswirtschaft eine (gleichgewichtige) "natürliche" Arbeitslosenquote (natural rate of unemployment) bzw. eine inflationsstabile Arbeitslosenquote (non-accelerating inflation rate of unemployment, NAIRU) gibt.

Die Frage nach dem Ansteigen der Arbeitslosigkeit wird aus dieser Perspektive als nachrangiges theoretisches Problem angesehen und in der Regel mit der — an sich nur die Frage wiederholenden — These beantwortet, daß offenbar die natürliche Arbeitslosenquote bzw. die NAIRU im Zeitablauf zunimmt. Letztlich wird das Problem der steigenden Arbeitslosigkeit auf die Veränderung exogener Einflußfak-

[2]Eine gute Einführung in die Effizienzlohntheorie geben Yellen (1984) und Stiglitz (1987).

toren reduziert.[3]

Das vorliegende Buch möchte nun diese Sichtweise in Frage stellen und ihr eine andere Sichtweise gegenüberstellen. Zwar wird auf wesentliche Vorstellungen der Effizienzlohntheorie zurückgegriffen. Es wird aber versucht darzulegen, daß die Idee der "natürlichen Arbeitslosenquote" ein Konstrukt ist, das allzusehr die statische Sichtweise der modernen Arbeitsmarkttheorie reflektiert: Man konzentriert sich auf Optimalitäts- und Gleichgewichtsbedingungen und vernachlässigt Anpassungsvorgänge. Zudem wird der Einfluß des Arbeitsangebotes überschätzt, derjenige der Arbeitsnachfrage zu wenig beachtet. In dieser Arbeit soll dagegen auf die Wichtigkeit der Analyse von Anpassungsprozessen im Arbeitsmarkt aufmerksam gemacht werden. Ferner wird argumentiert werden, daß die Arbeitslosen für solche Anpassungen von untergeordneter Bedeutung sind, die Arbeitsnachfrage dagegen von großer Wichtigkeit ist. Aus der Berücksichtigung dieser beiden Gesichtspunkte entsteht dann ein theoretischer Zugang zum Phänomen der im Zeitverlauf zunehmenden Arbeitslosigkeit. Gemäß dieser Sichtweise ist steigende Arbeitslosigkeit als unmittelbare Konsequenz von destabilisierenden Tendenzen im Arbeitsmarkt anzusehen.

Im einzelnen ist das Buch wie folgt aufgebaut:

Zunächst wird dargelegt, von welcher Bedeutung die theoretische Untersuchung von Anpassungsprozessen für die Partialanalyse — insbesondere also für die theoretische Analyse des Arbeitsmarktes — ist. Nur so lassen sich Wechselwirkungen mit anderen, nicht im Mittelpunkt des Interesses stehenden Daten und Prozessen adäquat erfassen. Es wird aufgezeigt werden, daß gerade in den modernen Arbeitsmarkttheorien Wechselwirkungen zwischen Arbeits- und Gütermarktanpassungen nicht überzeugend behandelt wurden.

Danach wird näher auf die Ideen der Effizienzlohntheorie einge-

[3]Für einen Literaturüberblick, dem diese Auffassung zugrundeliegt, siehe Bean (1994).

gangen. Die Effizienzlohntheorie unterstellt eine differenzierte Funktionalität der Arbeitslosigkeit: Zunächst suggeriert sie, daß Arbeitslosigkeit den infolge der besonderen Lohnsetzung auftretenden Stabilitätsproblemen entgegenwirkt. Diese Schlußfolgerung ist aber nicht mehr haltbar, wenn die Güternachfrage als eigenständige Größe in die Analyse einbezogen wird. Außerdem geht die Effizienzlohntheorie davon aus, daß Arbeitslosigkeit die Produktivität der Beschäftigten positiv beeinflußt. Es ist aber grundsätzlich fragwürdig, ob Arbeitslose mit den Beschäftigten gleichwertige Bewerber um Arbeitsplätze sind. Rückt man von der Annahme der Gleichwertigkeit ab, wird etwa das Jobwechselverhalten der Beschäftigten von der Anzahl der Arbeitslosen nicht mehr beeinflußt. Zumindest die Fluktuationsversion der Effizienzlohntheorie läßt sich dann nicht mehr aufrechterhalten. Stattdessen wird vorgeschlagen, die Bedeutung der Güter- und Arbeitsnachfrage für die Effizienzlohnbildung stärker zu betonen.

Im darauffolgenden Kapitel werden dann die vorgetragenen Ideen und Argumente in einem neuen Modell des Arbeitsmarktes vereinigt: Es wird eine Volkswirtschaft betrachtet, in der Unternehmen die Löhne im Hinblick auf die Steuerung der Fluktuation ihrer Mitarbeiter festlegen. Makroökonomischer Einflußfaktor der Fluktuation ist aber nicht die Arbeitslosenquote, sondern die Arbeitsnachfrage relativ zum Gesamtumfang der Beschäftigung. Ist nun die Beschäftigung so groß, das sich ihr Umfang bei der gegebenen Arbeitsnachfrage gerade ständig selbst reproduziert, kann dies mit Lohndruck nach oben einhergehen. Um die davon ausgehenden stabilitätsgefährdenden Tendenzen einzudämmen, muß dann die Nachfrage durch restriktive Eingriffe gesenkt werden. Auch die Beschäftigung geht in der Folge zurück. Dieser Mechanismus wirkt unabhängig von der Größe der Volkswirtschaft. Die Beschäftigung hat eine Tendenz zu schrumpfen, die sich nicht abschwächt.

Zum Schluß werden die Überlegungen des Buches noch einmal knapp zusammengefaßt.

Kapitel 2

Arbeitsmarkttheorien und Isolation

2.1 Moderne arbeitsmarkttheoretische Ansätze

Die modernen Arbeitsmarkttheorien entstanden aus der Einsicht heraus, daß Transaktionen im Arbeitsmarkt Charakteristika aufweisen, aufgrund derer seine Funktionsweise vom klassischen Ideal eines Marktes, auf dem sich durch Wettbewerb um Transaktionen ein markträumender Gleichgewichtspreis bildet, verschieden ist. Inzwischen gibt es eine umfangreiche Literatur, die sich die Durchleuchtung dieser Abweichungen vom Lehrbuchmarkt zum Ziel gesetzt hat und versucht hat, daraus auf bestimmte strukturelle und allokative Regelmäßigkeiten zu schließen.

Eine Dimension des Theoretisierens interessiert sich für strukturelle Besonderheiten im Arbeitsmarkt. Es geht beispielsweise um die Frage, warum sich vertragliche Elemente wie Senioritätsentlohnung oder standardisierte Arbeitszeiten durchgesetzt haben, oder warum man in Unternehmen interne Lohnstrukturmerkmale wie Lohnkompression beobachtet. Daneben werden auch Strukturen untersucht, die man im Markt nicht beobachtet (z. B. Eintrittsgebühren beim Antritt einer neuen Stelle), die aber im Lichte typischer Arbeitsmarktunvollkommenheiten eine (mutmaßlich) effiziente institutionelle Lösung des betrachteten Problems darstellen. Dieser "Grundlagenzweig" der theoretischen Analyse setzt typischerweise bei Konstellationen an

— etwa der Kooperation der Belegschaft eines Unternehmens oder dem Einstellungsverfahren bei der Besetzung einer freien Stelle —, die durch weitgehende Abwesenheit konventioneller Marktkräfte gekennzeichnet sind. Hier gibt es fließende Übergänge zur Institutionentheorie[1] und zur Psychologie.[2]

Die zweite Dimension der Theoriebildung beschäftigt sich mit Marktallokationen, also der Zuordnung bestimmter Arbeitskräfte zu bestimmten Stellen im Markt. Besonderes Interesse gilt gesamtwirtschaftlichen Größen wie Beschäftigung und Arbeitslosigkeit. Im wesentlichen geht es um die Frage, wie sich die strukturellen Besonderheiten im Arbeitsmarkt in allokative Regelmäßigkeiten übersetzen.[3] Eine Grundeinsicht ist dabei, daß die Sicherung der Effizienz in einer Nicht-Markt-Umgebung (wie einem Unternehmen oder gar einem einzelnen Arbeitsverhältnis) zu Ineffizienzen der Marktallokation führen kann. Andere Beiträge betonen die durch die *vor* Vertragsschluß anfallenden Such- und Transaktionskosten verursachten Friktionen im Markt und begründen damit verschiedene Arten von Ineffizienzen der Marktallokation.

Möchte man von strukturellen Besonderheiten im Arbeitsmarkt auf allokative Regelmäßigkeiten schließen, ist natürlich das Zusammenspiel des Arbeitsmarktes mit anderen Märkten adäquat in die Analyse einzubeziehen. Im folgenden Kapitel soll herausgearbeitet werden, daß diese Einbettung von arbeitsmarktspezifischen Gesichtspunkten in umfassendere Marktprozesse in den theoretischen Beiträgen der Literatur oft wenig überzeugend ist. Insbesondere geht es um die Art und Weise, wie von Prozessen im Gütermarkt abstra-

---

[1] Z. B. bei der Frage nach der Vorteilhaftigkeit interner Arbeitsmärkte, vgl. Doeringer und Piore (1971), Williamson, Wachter und Harris (1975).

[2] Warum gibt es steigende Lohnprofile? Vgl. Loewenstein und Sicherman (1991).

[3] Insofern, als viele Beiträge ihre allokativen Schlußfolgerungen direkt aus einer strukturell orientierten "Ultra-Mikro"-Fundierung ziehen, entspricht der hier vorgeschlagenen Differenzierung keine strikte Unterteilung des Bestandes an wissenschaftlichen Veröffentlichungen. Die Differenzierung erfolgte allein in Hinblick auf das Problem der Isolation (s. 2.3 unten).

hiert wird: Die durchaus gängige Annahme fixer Preise und eines geräumten Gütermarktes kann zu fragwürdigen Schlüssen führen und wesentliche Gesichtspunkte von Anpassungsprozessen im Markt ganz verdecken.

Die Problematik soll zunächst als allgemeine Schwierigkeit partialanalytischen Vorgehens dargestellt werden. Dann wird die Kritik an der bestehenden Arbeitsmarktliteratur formuliert. Schließlich wird der Vorschlag gemacht, Arbeitsmarkttheorien dynamisch zu modellieren, um die besprochenen Probleme zu vermeiden.

2.2 Das Problem der Partialanalyse

2.2.1 Ein Beispiel

Alle ökonomischen Theorien gehen partialanalytisch vor: Ihr Interesse gilt den (jeweils in einem zu definierenden Sinne) optimalen oder gleichgewichtigen Werten von endogenen Variablen in gegebenem Kontext. Insbesondere werden Einflüsse aus nicht betrachteten Märkten oder sonstige "Parameter" für die Dauer der Analyse konstant gehalten, Rückkopplungseffekte also vernachlässigt.

Es stellt sich die Frage, inwiefern diese abstrahierende (oder auch isolierende) Vorgehensweise gerechtfertigt ist.

Zur Verdeutlichung der Fragestellung sei ein Beispiel vorangestellt: In der traditionellen Haushaltstheorie wird von festen Präferenzen ausgegangen. Die Präferenzen sind von den Beschränkungen der Haushalte, insbesondere vom Preisvektor unabhängig. Die Resultate der allgemeinen Gleichgewichtstheorie, insbesondere die wohlfahrtstheoretischen Implikationen, hängen nun aber von dieser Annahme ab. Bezweifelt man die Preisunabhängigkeit der Präferenzen, wird dadurch die theoretische Vorstellung vom grundsätzlichen Funktionieren dezentral organisierter Märkte in Frage gestellt. Anders gewendet: Die allgemeine Gleichgewichtstheorie hat nur dann die behauptete Aussagekraft, wenn sie begründen kann, daß die Preise die

Präferenzen nicht oder nur unwesentlich beeinflussen.

2.2.2 Isolation

Die folgende Diskussion der Isolation stützt sich auf Schlicht (1985), wo auch die grundlegende Behandlung des Problemkreises durch Marshall (1920) herausgestellt wird.

Unproblematisch ist es, über die potentiellen Rückkopplungseffekte auf exogene Variablen keine Aussagen zu treffen und von einer *hypothetischen* Isolation auszugehen. Dies kann mit zweierlei Verständnis der Partialtheorie einhergehen: Entweder betrachtet man die Theorie als rein hypothetisch oder als Baustein einer umfassenderen Theorie.

Dem ersten Verständnis entspräche es, daß man insbesondere die Gleichgewichte der Partialtheorie als rein hypothetische auffaßt: Sie illustrieren die Wirkungsweise der postulierten Mechanismen, wenn diese nicht durch Wechselwirkungen mit anderen Prozessen gestört werden, und haben insofern didaktischen Wert.

Dem zweiten Verständnis als Baustein entspricht, daß man die in der Partialtheorie dargestellten Mechanismen als Teil einer umfassenderen Theorie ansieht, deren restliche Komponenten u. U. noch zu erstellen sind. Im Zusammenspiel verschiedener Partialtheorien wird dann erst klar, in welchem Ausmaß die vom Partialmodell postulierten Prozesse und Allokationen den tatsächlichen (im Sinne der übergeordneten Theorie) ähneln. Wie aber lassen sich Partialtheorien in umfassendere Theorien integrieren? Das Einsetzen von Partialgleichgewichten in die umfassende Theorie ist offenbar nur dann gerechtfertigt, wenn sich dieses Gleichgewicht (zumindest annähernd) auch bei Endogenisierung der bisher exogenen Größen einstellt, d. h. wenn auch substantielle Isolation (vgl. unten) vorliegt. Sonst ist eine dynamische Formulierung der Partialtheorie vonnöten.[4] Die durch

[4]Dies wird in Abschnitt 2.3.3 noch weiter ausgeführt.

eine dynamisch formulierte Partialmarkttheorie beschriebenen Tendenzen lassen sich dann mit den (ebenfalls dynamisch formulierten) Tendenzen des Restmodells zu den "wahren" Tendenzen der Anpassung kombinieren.[5]

Die zweite Art, Partialtheorien zu verstehen, ist es nun, diese als *substantiell* isoliert anzusehen. Dies erfordert, daß die mithilfe der Isolation von anderen Größen vorgenommene Analyse (approximativ) korrekt ist: Entweder beeinflußt eine der *ceteris paribus* Klausel unterworfene Größe die in der Partialtheorie betrachteten Prozesse hinreichend wenig, oder die in der Partialmarkttheorie behandelten Prozesse üben ihrerseits hinreichend wenig Veränderungsdruck auf eine der *ceteris paribus* Klausel unterworfene Größe aus.

Im ersten Fall ist die exogene Variable für die betrachteten Prozesse *irrelevant.* Dies ist im Einzelfall begründungsbedürftig, erfordert jedoch keine genauere theoretische Vorstellung über die betreffende exogene Variable.[6] Daß eine Partialtheorie von einer *relevanten* exogenen Variable substantiell isoliert ist, kann dagegen nur vor dem Hintergrund zumindest grober theoretischer Vorstellungen über die exogene Variable behauptet werden. Ohne Betrachtung eines solchen Kontextes ist es nicht sinnvoll, hinsichtlich relevanter Variablen von substantieller Isolation zu sprechen.

Für den Fall relevanter exogener Variablen lassen sich nun zwei Arten von substantieller Isolation unterscheiden, *temporale* und *kausale* Isolation:

1. Eine *temporale* Isolation der betrachteten Beziehungen und Größen liegt vor, falls die eingefrorenen Größen relativ zu den be-

[5]Dieses Vorgehen läßt sich vergleichen mit dem Einzeichnen von Bewegungsrichtungen in ein zweidimensionales Phasendiagramm: Um die Richtung eines Systems in einem Punkt zu bestimmen, zeichnen wir zwei Pfeile, wobei jedesmal eine der beiden Variablen festgehalten wird. Länge und Richtung dieser Pfeile ergeben die "wahre" Bewegungsrichtung in diesem Punkt.

[6]Bspw. ist das Verhalten einer bestimmten Einzelperson für gesamtwirtschaftliche Abläufe (i. a.) irrelevant. Dasselbe gilt nicht für die theoretische Fiktion einer typischen Einzelperson (vgl. auch Schlicht (1985), S.10).

trachteten endogenen Variablen eine so geringe Anpassungsgeschwindigkeit aufweisen, daß die *ceteris paribus* Analyse eine hinreichend genaue Approximation der tatsächlichen Prozesse liefert.

2. Eine *kausale* Isolation der betrachteten Beziehungen und Größen liegt vor, falls die Bewegungen der betrachteten Größen die eingefrorenen Größen hinreichend wenig verändern. Hier wird also auf Situationen bezuggenommen, in denen das Niveau, auf dem die exogenen Variablen verharren, als funktional durch die endogenen Variablen beeinflußt gesehen wird. Veränderungen der endogenen Variablen, wie sie im Partialmodell betrachtet werden, haben bei kausaler Isolation aus übergeordneter Perspektive aber nur eine schwache Rückwirkung auf die Variablen, die bei der Partialanalyse eingefroren sind.

Zur Illustration seien die (skalaren) Variablen x und y betrachtet. In der Partialanalyse sollen die gleichgewichtigen Werte von x ermittelt werden und $y = \bar{y}$ konstant gehalten werden. Gemäß dieser Partialanalyse tendiere die Variable x gegen eine eindeutig stabile Lösung $x^*(y)$ gemäß[7]

$$\dot{x} = f(x, y).^{8} \tag{2.1}$$

Damit die von der Partialtheorie geforderte Anpassung von x an $x^*(y)$ approximativ gültig ist, darf sich $x^*(y)$ im Zeitablauf relativ zu x nur sehr langsam bewegen, d. h.

$$\left| \frac{dx^*}{dy} \frac{\dot{y}}{\dot{x}} \right| \tag{2.2}$$

[7]Im folgenden werden technische Annahmen nicht erwähnt, die Diskussion ist rein qualitativ. Die Argumentation erstreckt sich in einem entsprechend übertragenen Sinne auch auf Variablen, die keine Zahlenwerte annehmen. Grundsätzlich muß aber — zumindest qualitativ — eine "Metrik" vorliegen, d. h. ein Bewertungsmaßstab, mit dem Veränderungen der betrachteten Variablen quantitativ beurteilt werden können.

[8]Mit $\dot{x}$ wird wie üblich $\frac{dx}{dt}$ abgekürzt. Ferner wird im folgenden für $\frac{\dot{x}}{x}$ die ebenfalls allgemein gebräuchliche Schreibweise $\hat{x}$ verwendet.

muß hinreichend klein sein.[9]

Dies ist klarerweise erfüllt, wenn y irrelevant ist für x, da dann $\frac{dx^*}{dy}$ Null (oder vernachlässigbar klein) ist.

Für den Fall, daß y relevant ist, daß "Ziel" $x^*(y)$ der "Rakete" x sich also selbst bewegt,[10] muß die Bewegung von y (oder auch die Gesamtheit der möglichen Bewegungen) in einem umfassenderen Modell selbst betrachtet werden:

$$\dot{y} = g(x, y). \tag{2.3}$$

Temporale Isolation liegt dann vor, wenn sich y relativ zu x langsam bewegt, d. h. daß $\left|\frac{g(x,y)}{f(x,y)}\right|$ für die betrachteten Werte von x und y sehr klein ist. Dann ist der Prozeß

$$x \longrightarrow x^*(y) \tag{2.4}$$

eine approximativ korrekte Beschreibung der Bewegungstendenz von x.

Vor dem Hintergrund des kritischen Ausdrucks (2.2) scheinen damit die Kriterien für die Rechtfertigung der *ceteris paribus* Analyse bereits ausgeschöpft. Dennoch läßt sich die gegenüber der temporalen Isolation leicht verschobene Perspektive der kausalen Isolation auch an diesem einfachen Beispiel verdeutlichen.

Am klarsten wird dieser Unterschied, wenn davon ausgegangen wird, daß y nur indirekt über x von der Zeit abhängt, daß sich also y immer unmittelbar an das aktuelle x anpaßt. Es gilt dann immer

$$g(x, y) = 0, \tag{2.5}$$

[9]Die entsprechende Passage bei Marshall lautet: "It is true however that the condition that time must be allowed for causes to produce their effects is a source of great difficulty in economics. For meanwhile the material on which they work, and perhaps even the causes themselves, may have changed; and the tendencies which are being described will not have a sufficiently "long run" in which to work themselves out fully" (Marshall (1920), S.30).

[10]Vgl. Schlicht (1985), S.20.

y ist also eine "unendlich" flexible Variable, insbesondere ist x nicht temporal isoliert von y. Es folgt

$$\dot{y} = -\frac{g_x}{g_y}\dot{x}. \tag{2.6}$$

Das Kriterium für kausale Isolation ist also, daß $|\frac{g_x}{g_y}|$ klein ist. Mit anderen Worten: Die Relevanz von x für y muß hinreichend gering sein.[11] Dann ist die vom Partialmodell behauptete Anpassung (2.4) zu vertreten.[12]

2.3 Die Arbeitsmarktliteratur im Lichte der Isolationsproblematik

Nun soll erörtert werden, inwieweit das partialanalytische Vorgehen in der theoretischen Arbeitsmarktliteratur im Lichte der vorstehenden Diskussion der isolierenden Vorgehensweise gerechtfertigt ist.

2.3.1 Die strukturtheoretische Analyse

Auch wenn dies für den weiteren Verlauf der Untersuchung nicht von direkter Bedeutung ist, sollen hier einige kurze Anmerkungen zur

[11] Etwas komplizierter ist die Bedingung, wenn x eine mehrdimensionale Variable ist, etwa $x = (x_1, x_2)$. Dann muß die Richtungsableitung $\frac{dy}{dx}$ in Richtung der Bewegung von x betrachtet werden, also der Ausdruck

$$-\frac{g_{x1}}{g_y}\frac{\dot{x}_1}{\sqrt{\dot{x}_1^2+\dot{x}_2^2}} - \frac{g_{x2}}{g_y}\frac{\dot{x}_2}{\sqrt{\dot{x}_1^2+\dot{x}_2^2}}.$$

[12] Das genannte Kriterium für kausale Isolation gilt auch für den Fall größerer Trägheit von y, allerdings nur lokal, nämlich wenn annähernd $\dot{y} = 0$. Ist zum Beispiel g ganz unabhängig von x, so ist die Bewegung von y autonom, wird also gar nicht durch Veränderungen von x beeinflußt. Dennoch kann sich y bei hinreichender Entfernung von seinem stationären Wert so stark verändern, daß die Schlußfolgerung (2.4) keine gute Approximation ist. Zur Rechtfertigung partialanalytischer Schlüsse muß also mehr gefordert werden als schwache Rückwirkungen der endogenen auf die exogenen Variablen. (Dies ist bei der Diskussion kausaler Isolation in Schlicht (1985) (S.21) etwas unklar geblieben.)

Isolationsproblematik bei strukturtheoretischen Fragestellungen der Arbeitsmarkttheorie folgen.

Zuerst ist zu bemerken, daß bei der Effizienzanalyse von Strukturen[13] das Isolationsproblem insofern virulent ist, als mögliche Rückwirkungen auf die Daten der Analyse in Betracht gezogen werden müssen. Es ist also zu prüfen, welche Größen im Sinne einer substantiellen Isolation als exogen vorausgesetzt werden dürfen. Die Festlegung der exogenen Größen kann das Resultat der Effizienzanalyse entscheidend beeinflussen.

Als Beispiel seien Eintrittsgebühren in einem Arbeitsmarkt mit Effizienzlohnsetzung betrachtet. Gemäß den Ideen der "Bonding Critique" handelt es sich dabei um ein geeignetes Instrument zur Beseitigung von Markträumungsproblemen.[14] Diese Argumentation setzt jedoch voraus, daß das Verhalten der Arbeitnehmer nicht von der *Form* der Vertragsbeziehung zwischen Unternehmen und Beschäftigten abhängt. Nach neoklassischen Verhaltensannahmen wäre dies gewährleistet, und die Unternehmen hätten einen Anreiz, derartige Verträge einzuführen. Sozialpsychologische Überlegungen[15] und Experimente[16] zeigen jedoch, daß Eintrittsgebühren das Verhalten der Beschäftigten sehr wohl beeinflussen: Die Arbeitsmotivation wird signifikant geschwächt, so daß die Effizienz von Eintrittsgebühren eher kritisch zu bewerten ist. In der oben vorgestellten Terminologie beruht also die angebliche Effizienz von Eintrittsgebühren auf einer fragwürdigen kausalen Isolation der Vertragsanalyse vom Verhalten der Beschäftigten.

Der zweite Problemkreis, für den das Isolationsproblem von Bedeutung ist, betrifft die Frage des Zusammenhangs der Effizienz und der empirischen Existenz einer Struktur im Arbeitsmarkt (d. h. von

---

[13]"Effizient" ist im Folgenden immer im eingeschränkten Sinne gemeint (effizient bei gegebenen Transaktionsproblemen).

[14]Carmichael (1985). Vgl. auch Kap. 3.4.1 unten.

[15]Kubon-Gilke (1990).

[16]Fehr, Gächter und Kirchsteiger (1993).

"normativer" und "positiver" Analyse). Diese beiden Gesichtspunkte werden oft miteinander in engem Zusammenhang gesehen, wenn etwa eine beobachtete strukturelle Besonderheit durch den Nachweis der Effizienz "erklärt" wird. Implizit liegt solchen Beiträgen ein Wettbewerbsargument zugrunde: Effiziente Strukturen setzen sich in einem "Wettbewerb der Institutionen" durch.

Zu untersuchen ist nun, ob der abstrakten Idee des "Wettbewerbs der Institutionen" im Arbeitsmarkt (wo doch Wirtschaftssubjekte die handelnden Akteure sind) eine tatsächliche Tendenz in Richtung effizienter Strukturen entspricht, und ob eine solchen Tendenz dann auch mit einer tatsächlichen Anpassung gleichzusetzen ist (d. h. ob eine isolierende Sichtweise gerechtfertigt ist).

Diese Fragen erscheinen weniger problematisch, wenn es sich um *lokale* Strukturen handelt, die in einem einzelnen Unternehmen eingeführt werden können. Dann ist nämlich der institutionelle Wettbewerb in den tatsächlichen Wettbewerb konkurrierender Unternehmen eingebettet: Die Unternehmen, die die effizienten Strukturen einführen, erwerben so einen Vorteil gegenüber ihren Konkurrenten. Letztere übernehmen die Strukturen, um ihren Profit zu steigern, sind bei hinreichend scharfem Wettbewerb sogar gezwungen, dies zu tun. Dieser Wettbewerb führt schließlich zur allgemeinen Einführung der effizienten Struktur (vorausgesetzt, die Charakteristika der Arbeitsmarktstrukturen, hinsichtlich derer die Struktur die effiziente Lösung darstellt, ändern sich in der betrachteten Frist der Anpassung nicht).[17]

Bei *globalen* Strukturen, die den ganzen Arbeitsmarkt betreffen, ist jedoch die Diskrepanz zwischen positiver und normativer Theorie weitaus größer. Zwar wurde von einigen Vertretern der Neuen Institutionenökonomie (etwa Posner (1981) und North und Thomas (1973)) die These vertreten, daß Institutionen stets in optimaler Weise an

[17] Weniger als die Analyse selbst ist hier also die eventuelle Diskrepanz zwischen lokaler und gesamtwirtschaftlicher Effizienz problematisch.

soziale Gegebenheiten und Bedürfnisse angepaßt sind. Diese These kann man schon deshalb kritisieren, weil sie empirisch fragwürdig ist, außerdem durch keine überzeugende auf dem Verhalten von Individuen basierende Theorie der Anpassung von Institutionen in Richtung einer effizienten Lösung gestützt wird. Außerdem vernachlässigt die These — dies ein weiterer Kritikpunkt — die Geschwindigkeit der Anpassung an eine optimale Struktur (falls eine solche Tendenz vorhanden ist) und damit das Isolationsproblem.

Als Beispiel seien Gewerkschaften betrachtet. Daß Gewerkschaften in den meisten Industriegesellschaften eine wichtige Rolle spielen, kann man — auch ohne gewagte Thesen wie die oben genannte heranzuziehen — als empirischen Nachweis ihrer grundsätzlichen Effizienz deuten. Tatsächlich läßt sich zumindest für die Ebene der Vertragsbeziehungen zwischen Arbeitgebern und Arbeitnehmern die Effizienz von Gewerkschaften theoretisch untermauern.[18] Andererseits sind die Gewerkschaftsstruktur und die Struktur kollektiver Lohnverhandlungen von Land zu Land recht unterschiedlich. Dies läßt sich nun auf zweierlei Weise interpretieren: Einerseits könnte man behaupten, daß diese Heterogenität Resultat einer optimalen Anpassung an jeweils landesspezifische Verhältnisse darstellt. Dies wäre in Einklang mit der These der oben aufgeführten Theoretiker. Andererseits könnte man versuchen, die Heterogenität durch Besonderheiten des Anfangszustandes und des Anpassungsprozesses zu deuten: Die beobachteten gewerkschaftlichen Strukturen sind großenteils nicht effizient, werden jedoch durch soziale Prozesse aufrechterhalten und an die jeweiligen sozialen Gegebenheiten nicht oder nur sehr verzögert angepaßt. Gemäß dieser letzteren Sichtweise ist es also möglich, daß die Anpassung der Struktur an die für die Effizienz der Struktur entscheidenden Merkmale langsamer verläuft als sich die Merkmale verändern.[19]

[18] Vgl. etwa die Argumente in Williamson, Wachter und Harris (1975).

[19] Berücksichtigt man solche Anpassungsverzögerungen, erscheint die entsprechend abgeschwächte These, daß stets eine Tendenz in Richtung effizienter (globaler) Strukturen besteht, beinahe als bedeutungsleer: Inwiefern ist es sinnvoll,

Die zuletzt angesprochenen Fragen berühren grundsätzliche Probleme der ökonomischen Institutionentheorie und sollen hier nicht weiter verfolgt werden.[20] Es ging hier allein darum anzudeuten, inwiefern die isolierende Analyse von strukturellen Besonderheiten im Arbeitsmarkt lückenhaft bleiben kann.

2.3.2 Arbeitsmarkttheorien im engeren Sinne

Sobald in Arbeitsmarkttheorien Schlußfolgerungen über Marktallokationen gezogen werden,[21] stellt sich das Isolationsproblem in einer anderen Weise. Anpassungsprozesse im Arbeitsmarkt sind ja durch direkte Wirkungskanäle mit anderen Märkten verbunden. Am wesentlichsten ist — aus einer eher kurzfristigen Perspektive — die wechselseitige Beeinflussung mit dem Gütermarkt: Eine Steigerung der Güternachfrage bewirkt eine Ausweitung der Beschäftigung, Lohndruck erzeugt Preisdruck etc.

Im folgenden soll exemplarisch herausgearbeitet werden, daß moderne Arbeitsmarkttheorien das Zusammenspiel von Güter- und Arbeitsmarktprozessen nicht adäquat modellieren. Bei der theoretischen Untersuchung von Lohnbildungsprozessen hat sich als eine Art Konvention eingebürgert, von festen Preisen und Markträumung im Gütermarkt auszugehen. Diese Annahme kann — so wird argumentiert werden — vor dem Hintergrund der Isolationsproblematik im allgemeinen nicht gerechtfertigt werden. Zudem werden als Konsequenz u. U. Anpassungsprobleme im Arbeitsmarkt in einem falschen Licht gesehen.

---

zwischen der Existenz einer solchen Tendenz bei erheblichen Anpassungsverzögerungen sowie der Nichtexistenz einer solchen Tendenz zu unterscheiden? Vgl. auch die Bemerkungen zum d'Alembertschen Prinzip in Fußnote 40.

[20] Eine kritische Diskussion findet sich in Basu, Jones und Schlicht (1987).

[21] Für den Rest des Kapitels soll der Begriff "Arbeitsmarkttheorie" nur noch in diesem Sinne verstanden werden.

2.3.2.1 Ein Effizienzlohnmodell

Zunächst sei ein einfaches Effizienzlohnmodell betrachtet.[22]

Gegeben sei eine Ökonomie mit k gleichartigen Unternehmen (k groß), die ein homogenes Gut produzieren.

Ein Unternehmen i produziert

$$f(\alpha_i N_i)$$

Einheiten des Gutes ($f' > 0, f'' < 0$). Dabei ist N_i die Anzahl der Beschäftigten in Unternehmen i und α_i die Pro-Kopf-Produktivität eines Beschäftigten in Unternehmen i . Die Produktivität α_i ist abhängig vom Lohn w_i (den Unternehmen i zahlt), vom allgemeinen Marktlohn W und von der Quote der Arbeitslosen u.

Speziell sei der relative Lohn entscheidend,[23] so daß

$$\alpha_i = \alpha\left(\frac{w_i}{W}, u\right).$$

Dabei gelte für die einfachen und partiellen Ableitungen

$$\alpha_1 > 0, \alpha_{11} < 0, \alpha_2 > 0, \alpha_{12} < 0.$$

Diese Bedingungen drücken die bekannte Funktion der Löhne als Kontrollinstrument für die Qualität der Arbeit (gekennzeichnet durch positive und abnehmende Erträge) aus, sowie die Funktion der Arbeitslosigkeit als Substitut der (relativen) Löhne.

Nimmt man nun an, daß auf dem Gütermarkt vollständige Konkurrenz beim Preis p herrscht und jedes Unternehmen seine Produktion absetzen kann, so ist der Profit Π_i von Unternehmen i bei

[22]Die Modellierung folgt derjenigen in Schlicht (1978).
Die Effizienzlohntheorie wird in Kapitel 3 noch ausführlicher behandelt werden. Hier geht es zunächst um grundsätzliche Aspekte, die auch andere moderne Arbeitsmarkttheorien betreffen.

[23]Vgl. dazu insbesondere die Beiträge von Schlicht (1978) und Salop (1979).

Marktlohn W und Arbeitslosenquote u gegeben durch

$$\Pi_i = pf(\alpha(\omega_i, u)N_i) - \omega_i W N_i,$$

wobei $\omega_i = \frac{w_i}{W}$.

Maximierung des Profits Π_i führt auf die bekannten Optimalitätsbedingungen

$$\frac{\alpha_1(\omega_i, u)\omega_i}{\alpha(\omega_i, u)} = 1, \qquad (2.7)$$

$$pf'(\alpha(\omega_i, u)N_i)\alpha(\omega_i, u) = \omega_i W. \qquad (2.8)$$

Diese beiden Bedingungen charakterisieren das Gewinnmaximum $\omega_i^*(u)$,$N_i^*(\frac{W}{p}, u)$ tatsächlich.[24]

Im Marktgleichgewicht gilt $w_i = W$ für alle Unternehmen i. Aus der "Solow-Bedingung"(2.7)[25] erhält man die gleichgewichtige Arbeitslosenquote u^* :

$$\frac{\alpha_1(1, u^*)}{\alpha(1, u^*)} = 1,$$

aus der zweiten Optimalbedingung (2.8) dann den gleichgewichtigen Marktlohn W^*.

Der Gütermarkt wird bei dieser Modellierung also durch feste Preise und die Absorption des Güterangebotes durch die Güternachfrage charakterisiert.

Im strikten Sinne sind diese Voraussetzungen der Analyse nur im Gütermarktgleichgewicht erfüllt. Außerhalb des Gütermarktgleichgewichtes sind die Unternehmen keine Preisnehmer — worauf schon Arrow (1959) hingewiesen hat — und die (positive oder negative) Übernachfrage nach Gütern führt zu Preisveränderungen.[26] In diesem

[24]Auf den (einfachen) Nachweis der Bedingung zweiter Ordnung wird hier verzichtet.

[25]Vgl. Schlicht (1978), Solow (1979).

[26]Der theoretisch denkbare Fall, daß Schwankungen in der Güternachfrage allein durch Marktzugang bzw. -abgang aufgefangen werden, erscheint für die kurzfristige Analyse irrelevant, da er voraussetzt, daß Marktzugang keinerlei "sunk

Sinne sagt das Effizienzlohnmodell nur, daß bei geräumtem Gütermarkt und einer Arbeitslosigkeit kleiner (größer) als u^* eine Tendenz zum Lohnanstieg (-verfall) besteht.

Doch können wir schon alleine aus der "Solow-Bedingung" schließen, daß bei einer Arbeitslosigkeit kleiner u^* eine Tendenz zum Lohnanstieg auftritt — unabhängig von den Verhältnissen im Gütermarkt. Ob Lohndruck entsteht oder nicht, folgt allein aus dem Kalkül der Unternehmen, wie sie den Trade-off Lohnkosten pro Kopf versus Größe der Belegschaft bei gegebener Nachfrage nach Arbeit in Effizienzeinheiten optimal ausbeuten. Für diesen Kalkül ist annahmegemäß lediglich die Arbeitslosenquote entscheidend. Insofern ist die Art und Weise, wie das Modell geschlossen wird, überflüssig und irreführend: Überflüssig, da die Verhältnisse im Gütermarkt per Annahme irrelevant sind für die Lohnsetzung. Irreführend, da als Anpassungsmechanismus suggeriert wird, daß bei Lohndruck nach oben Beschäftigung und Output reduziert werden, während der Gütermarkt im Gleichgewicht bei festem Preis verharrt. Letzteres ist in sich widersprüchlich, weil ja eine Reduktion des Güterangebotes das Gleichgewicht im Gütermarkt zerstört und deshalb Preisveränderungen induziert. Der genannte Mechanismus beschreibt daher eher die Anpassung in einer Volkswirtschaft mit Effizienzlohnsetzung und strikten Preiskontrollen.

Es bleibt die Möglichkeit zu prüfen, ob die gemachten Annahmen (insbesondere die Annahme eines festen Güterpreises) in einem schwächeren Sinne, nämlich als Isolation des Arbeitsmarktes vom Gütermarkt rechtfertigt werden können.

Weniger problematisch ist die Interpretation der Analyse als hypothetische Isolation: Dann beschreibt das Modell (unter der Annahme, daß immer genügend Arbeitskräfte Arbeit anbieten) eine *Tendenz* zum Lohndruck ($\omega > 1$) bei einem auf hohem Niveau geräumten

---

costs" erfordert.

Gütermarkt.[27] Insbesondere gibt es kein Vollbeschäftigungsgleichgewicht bei stabilen Löhnen (was aber — wie oben bereits erwähnt — bereits aus der "Solow-Bedingung" folgt). In einem umfassenderen Modell könnte dann untersucht werden, in welchem Maße sich diese Tendenz in Beschäftigungsabbau und in welchem Maße in Inflation umsetzt.[28] Die gleichgewichtige Arbeitslosenrate u^* des Modells, die oft als natürliche Arbeitslosenquote ("natural rate of unemployment", vgl. Friedman (1968)) interpretiert wird,[29] ist jedenfalls im Lichte der hypothetischen Isolation eine rein hypothetische Größe.

Man könnte das Effizienzlohnmodell aber auch so verstehen, daß eine temporale Isolation des Arbeitsmarktes unterstellt wird. Es müßte argumentiert werden, daß sich der Güterpreis relativ zu den Arbeitsmarktvariablen nur langsam anpaßt. Zumindest für den Fall einer nichtnegativen Überschußnachfrage nach Gütern wäre dann die vorstehende Modellanalyse angemessen.

Zwar beobachtet man in Konjunkturzykeln tatsächlich größere Ausschläge der Geldlöhne als der Preise. Der Schluß von dieser Beobachtung auf eine relative Trägheit der Preise im von der Effizienzlohntheorie betrachteten Zusammenhang erscheint jedoch gewagt, vor allem, da es bei der letzteren wohl eher um die Bestimmung des Trends der Arbeitslosigkeit geht. Zur Stützung einer Annahme der temporalen Isolation müssen stattdessen Mechanismen identifiziert werden, die eine genuine Trägheit der Anpassung des Gütermarktpreises bewirken.

Nimmt man im obigen Modell an, daß nicht eine ganze Volkswirtschaft, sondern nur eine Branche einer Volkswirtschaft betrachtet wird, die sich auf dem Weltmarkt einer starken Konkurrenz gegen-

[27]Die Einbeziehung einer Gleichgewichtsbedingung (feste Preise) als Nebenbedingung in den Kalkül der Unternehmen ist allerdings theoretisch unsauber.

[28]In den Referenzlohn, die Basis des Relativlohnes, müßte dann eventuell neben W auch die erwartete Inflationsrate eingehen. Diese müßte dann ihrerseits endogenisiert werden. Vgl. dazu die Diskussion des Beitrages von Edmund Phelps (Phelps (1968)) in Kapitel 3.3.

[29]Siehe z. B. Salop (1979).

übersieht, könnte man wie folgt argumentieren: Die einheimischen Unternehmen der Branche können ihre Preise kaum erhöhen, da der dadurch ausgeübte Abwertungsdruck auf die heimische Währung zu schwach ist, um die Preiserhöhung vollständig auszugleichen, daher die einheimische Branche einen Nachfrageeinbruch erleiden würde. Die Schlußfolgerung des Modells kann dann aber nur lauten, daß sich für die betrachtete Branche ein Überangebot an Arbeit einpendelt.

Kehrt man dagegen wieder zur Ausgangsperspektive zurück und sieht die gesamte Volkswirtschaft derart starker Auslandskonkurrenz ausgesetzt, sollte sich der Preisdruck bei flexiblen Wechselkursen in entprechende Wechselkursanpassungen umsetzen. Eine Approximation der Preisentwicklung durch feste Preise ist dann nicht adäquat.

Eine Interpretation der Modellresultate im Rahmen einer temporalen Isolation läßt sich also kaum rechtfertigen.

Zuletzt sei die Möglichkeit betrachtet, für das Modell eine kausale Isolation des Arbeitsmarktes anzunehmen. Man könnte im Extrem davon ausgehen, daß sich der Gütermarkt immer sofort an den Zustand des Arbeitsmarktes anpaßt, etwa durch unmittelbare Absorption der Produktion durch die Güternachfrage zu markträumenden Preisen: Es gilt dann ständig das Saysche Gesetz. Damit der Arbeitsmarkt tatsächlich im kausalen Sinne hinreichend isoliert ist, dürfen sich diese Gleichgewichtspreise allerdings bei Änderungen der Arbeitsmarktvariablen nur wenig verändern. Dafür stichhaltige theoretische Argumente zu finden, dürfte schwerfallen.[30]

Die *ceteris paribus* Annahmen im betrachteten Effizienzlohnmodell (wie in der gesamten Effizienzlohnliteratur) sind also ziemlich zweifelhaft. Tatsächlich bleibt als Frage offen, welche Anpassung sich im Zusammenspiel von Arbeits- und Gütermarkt ergibt, wenn sich

[30]Bei steigenden Löhnen und — gemäß des Effizienzlohnmodells — schrumpfender Beschäftigung infolge geringerer Produktion verschiebt sich die Güternachfrage: Die höhere Arbeitslosigkeit wirkt dämpfend, die höheren Löhne (eher) nachfragesteigernd. Es wäre aber reiner Zufall, wenn die jetzt produzierte niedrigere Menge zu denselben Preisen nachgefragt würde wie vorher die größere Menge.

die Löhne nach Effizienzlohngesichtspunkten bilden. Insbesondere ist es keineswegs klar, ob sich eine unregulierte Volkswirtschaft bei Effizienzlohnsetzung überhaupt von selbst stabilisiert. Andernfalls gäbe es Inflationsprobleme. Diese Fragen sollen in Kapitel 3 und 4 weiter verfolgt werden. Hier ging es zunächst darum, die Bedeutung der isolierenden Vorgehensweise für die moderne Arbeitsmarktliteratur zu illustrieren.

2.3.2.2 Kollektive Lohnverhandlungen

In ähnlicher Weise fragwürdig ist das partialanalytische Vorgehen in anderen Arbeitsmarkttheorien, z. B. in der Insider-Outsider Theorie (Lindbeck und Snower (1988)), insbesondere aber in der Theorie kollektiver Lohnverhandlungen.

Zunächst stellt sich die Frage nach der allokativen Relevanz solcher Verhandlungen.[31]

Diese gliedert sich zweifach:

Erstens kann man sich fragen, ob durch kollektive Lohnverhandlungen eine andere *relative Lohnstruktur* erzeugt wird als sie im freien Markt entstehen würde, und welche Konsequenzen dies — falls zutreffend — hat.

Zweitens — und abgesehen von der relativen Lohnstruktur — fragt sich, ob die *Höhe* des festgelegten Lohnes (bzw. die vereinbarte Lohnerhöhung) von allokativer Bedeutung ist.

Die zweite Frage ist besonders interessant im Hinblick auf die These, daß kollektive Lohnverhandlungen zu hohe Löhne erzeugen und so Arbeitsplätze vernichten bzw. unterdrücken, die ja in der wissenschaftlichen wie in der öffentlichen Diskussion sehr populär ist. Theoretisch stützen sich solche Argumente auf Lohnverhandlungsmodelle, die suggerieren, daß durch eine Kartellierung des Arbeitsmarktes al-

[31] Im folgenden werden nur Löhne betrachtet, nicht andere Tarifvertragsbestandteile wie Arbeitszeiten etc. Es wird von standardisierter Arbeit ausgegangen.

lokative Verzerrungen, insbesondere zu wenig Beschäftigung, entstehen.

Tatsächlich ist die theoretische Bedeutung von Lohnverhandlungsmodellen aber unklar, da in ihnen meistens von festen Preisen ausgegangen wird. Es wird also — überwiegend stillschweigend — eine Isolation vorgenommen.[32] Für eine substantielle Isolation gibt es allerdings wenig Anhaltspunkte: Kollektive Lohnverhandlungen finden in größeren Zeitabständen statt, so daß die Preise und sonstige nominale Größen viel Zeit zur Anpassung haben.[33] Dies wissen auch die Verhandlungspartner, so daß die *ceteris paribus* Annahme von Verhandlungen bei fixen Preisen eine gewisse Irrationalität der Beteiligten unterstellt.[34] Insofern ist das Betrachten von Lohnverhandlungen bei festen Preisen auch als hypothetische Theorie nicht sinnvoll.

[32] Interessanterweise sahen gerade die Autoren eines der ersten und grundlegenden Beiträge zur Lohnverhandlungstheorie, Ian McDonald und Robert Solow ihr Modell nur als Baustein eines Makromodells (vgl. McDonald und Solow (1981), S.896), insofern hypothetisch isoliert. Dies macht allerdings ihre Resultate, insbesondere die komparativ statische Betrachtung von Fluktuationen, schwer verständlich. In der späteren Literatur wurde diese relativierende Sichtweise jedoch in der Regel aufgegeben (vgl. z. B. Farber (1986), S.1047 ff.).

[33] Selbst wenn die Verhandlungen auf Unternehmensebene stattfinden — wie es amerikanische Autoren mit bezug auf die dortige dezentrale Struktur von Lohnverhandlungen meist voraussetzen — , wissen die Verhandlungspartner, daß Lohnverhandlungen bei den Konkurrenten für einen gewissen Preisdruck im Markt sorgen werden. Soll die Verhandlung zwischen einem *typischen* Unternehmen und einer *typischen* Gewerkschaft modelliert werden, so ist also von endogenen Preisen auszugehen.

[34] Dies berücksichtigt der Beitrag von Calmfors und Driffill (1988), die davon ausgehen, daß die Verhandlungspartner die Preis- und Beschäftigungsanpassung antizipieren. Calmfors und Driffill analysieren Externalitäten der Lohnsetzung zwischen den Sektoren, innerhalb derer jeweils eigenständig verhandelt wird. Es werden verschiedene Zentralisierungsgrade solcher Verhandlungen betrachtet, wobei die Autoren zu dem Schluß kommen, daß typischerweise ein mittlerer Zentralisierungsgrad zu den höchsten Reallöhnen und damit zur geringsten Beschäftigung führt. Dieses Resultat beruht aber entscheidend auf der theoretisch fragwürdigen Annahme einer festen nominalen Güternachfrage bei endogenen Löhnen (Isolation!). Fruchtbarer könnte der Ansatz von Calmfors/Driffill sein, wenn Lohnsteigerungen statt Lohnniveaus betrachtet werden. Die feste Nominalnachfrage könnte in der theoretischen Analyse dann funktional durch eine exogene, regimeunabhängige Inflationskontrolle ersetzt werden.

Berücksichtigt man Anpassungen im Gütermarkt in der Analyse, ergeben sich Perspektiven für die Beantwortung der ersten der beiden oben aufgeworfenen Fragen:

Kann eine mächtige Gewerkschaft in einer Branche i höhere Geldlöhne durchsetzen als andere Gewerkschaften in anderen Branchen, überträgt sich das in erhöhte Relativpreise für Branche i und damit in eine Verlagerung der Güternachfrage in andere Branchen. Dieser indirekte Mechanismus bewirkt dann tatsächlich eine geringere Beschäftigung in Branche i und eine Verzerrung der Industriestruktur.[35]

Wie oben erwähnt, wird aber in den Beiträgen der Lohnverhandlungsliteratur meistens gar nicht auf die relative Lohnstruktur (die erste Frage oben) bezuggenommen, sondern pauschal auf zu hohe Löhne abgestellt, die aus kollektiven Verhandlungen resultieren (also zur zweiten Frage oben Stellung genommen). Um diesen Vorwurf an die Tarifparteien kritisch zu bewerten, sei für den Rest dieses Abschnitts von der relativen Lohnstruktur abgesehen.

Die genannte Behauptung zieht — so plastisch sie auch erscheinen mag — recht unkritisch Schlüsse aus in fragwürdiger Weise isolierenden Modellen oder sonstigen Anschauungshilfen (Aufteilung eines Kuchens), die letztlich auch auf *ceteris paribus* Annahmen beruhen. Stattdessen sollte man die Anpassungsdynamik anderer Märkte und eventuelle Rigiditäten nominaler Größen wie Preise, Wechselkurse, Geldmenge, Zins etc. berücksichtigen. Beispielsweise wäre eine Theorie der Inflationskontrolle unverzichtbarer Bestandteil einer Theorie kollektiver Lohnverhandlungen. Nur so kann man Argumente gegen

---

[35]In einigen Aufsätzen werden die Auswirkungen von derartigen Verzerrungen der relativen Lohnstruktur im Rahmen einer Betrachtung des allgemeinen Gleichgewichtes analysiert. Grundlegend sind die Beiträge von Johnson und Mieszowski (1970) und Jones (1971). Allerdings wird in diesen Aufsätzen von Vollbeschäftigung ausgegangen. (Es gibt einen gewerkschaftsfreien Sektor.) Im Zentrum steht die Frage der Inzidenz von Lohnverzerrungen.

Auch in der Theorie von Calmfors und Driffill (1988) werden endogene Sektorgrößen betrachtet, wobei Güternachfragebewegungen im Kalkül der Gewerkschaften berücksichtigt werden. Struktureffekte werden jedoch vernachlässigt, da alle Sektoren und Gewerkschaften als symmetrisch vorausgesetzt sind.

die aus einer Perspektive des allgemeinen Gleichgewichtes sich aufdrängende Sicht von kollektiven Lohnverhandlungen gewinnen: Diese Sicht legt nämlich nahe, daß in Verhandlungen nur ein *numéraire* gesetzt wird, an den sich alle anderen nominalen Größen dann anpassen. Eine dynamische Sichtweise kann dem entgegenhalten, daß die Lohn*steigerungen* und die damit einhergehende Inflationsgefahr das Hauptproblem darstellen.

Derartiges Theoretisieren würde auch ein anderes Licht auf den hohen Einsatz werfen, mit dem die Tarifparteien Lohnverhandlungen bestreiten: Unter Umständen geht es gar nicht um die Manipulation einer mittelfristig gleichgewichtigen Einkommensverteilung, sondern um die Größe der Auslenkung aus diesem Gleichgewicht und die entsprechenden Vor- bzw. Nachteile aus Anpassungsverzögerungen, also um "windfall profits".[36] Für die Gewerkschaften besteht nicht etwa ein Trade-off zwischen hohen Löhnen und geringer Beschäftigung infolge der hohen Löhne, sondern eher ein solcher zwischen kurzfristigen Renten für die Beschäftigten aufgrund von Anpassungsverzögerungen und geringer Beschäftigung infolge restriktiver Maßnahmen zur Inflationskontrolle.

2.3.3 Partialmodelle des Arbeitsmarktes sollten dynamisch formuliert werden: Ein Plädoyer

Vor dem Hintergrund der angesprochenen Isolationsproblematik fragt sich, inwiefern man überhaupt über Prozesse im Arbeitsmarkt partialanalytisch theoretisieren kann. Für den Fall, daß Markträumungsprobleme untersucht werden, scheint diese Frage von besonderer Relevanz zu sein. Ich möchte hier an die abstrakte Diskussion der Isolationsproblematik in Kap. 2.2 anknüpfen und dafür plädieren, daß man Anpassungen im Arbeitsmarkt — sofern es um Marktallo-

[36]Dem widerspricht nicht die Rhetorik der Tarifparteien. Alle in der Öffentlichkeit vorgetragenen Argumente können für die Verfolgung des genannten Zieles nützlich sein.

kationen geht — dynamisch modellieren sollte. Die isolierende Betrachtungsweise fordert ein solches Vorgehen, umgekehrt wird durch dynamische Modellbildung die isolierende Analyse in einem bestimmten Sinne rechtfertigt.

Als Ausgangspunkt der Diskussion erscheint es angebracht zu fragen, warum die dynamische Modellierung von Marktprozessen in den letzten Jahren etwas aus der Mode gekommen ist.[37] Offenbar halten die meisten Theoretiker die dynamische Beschreibung von Anpassungsprozessen im Markt inzwischen[38] für nicht mehr adäquat. In erster Linie dürften dafür die beiden folgenden Argumente ausschlaggebend sein:

1. Eine explizite Beschreibung des Anpassungsprozesses ist nicht nötig. Sie schränkt nur die Allgemeinheit der Theorie ein.
2. Nur Gleichgewichtszustände sind von Bedeutung.

Dem ersten Argument kann zunächst folgendes entgegengehalten werden: Ist die Anpassung an das betrachtete Gleichgewicht wirklich trivial, so läßt sich ein entsprechender Prozeß durch nichtspezifizierte Anpassungsfunktionen, für die aufgrund der postulierten Anpassungslogik bestimmte Eigenschaften der Monotonie, Krümmung etc. gelten, leicht beschreiben. Ist die Anpassung nichttrivial, sollte die Stabilität erst recht mithilfe eines Anpassungsprozesses gezeigt werden bzw. entsprechende Kriterien für solche Prozesse erarbeitet werden. Erst dann ist die Theorie vollständig.

Dem zweiten genannten Argument zur Verteidigung statischer Modelle liegt eine undifferenzierte Verwendung des Gleichgewichtsbegriffes zugrunde, nicht zuletzt vor dem Hintergrund der Isolation.

Zwar läßt sich sinnvoll zwischen Walrasianischem Gleichgewicht und Ungleichgewicht unterscheiden. Kriterium ist, ob die Märk-

[37] Eine gewisse Ausnahme bildet der "flow approach" des Arbeitsmarktes, der explizit Matchingprozesse im Arbeitsmarkt betrachtet, vgl. z. B. Blanchard und Diamond (1992). Diese Richtung der Literatur vertritt jedoch eine extreme Sicht der Lohnanpassung, wie weiter unten noch ausgeführt wird (s. Abschnitt 2.4.3).

[38] Etwa im Gegensatz zu den Beiträgen in Phelps (1970).

te geräumt sind oder nicht. Für Arbeitsmarkttheorien, die Markträumungsprobleme thematisieren, muß ein anderer Gleichgewichtsbegriff verwendet werden. Geeignet scheint wegen seiner Allgemeinheit der Marshallsche Gleichgewichtsbegriff, demgemäß ein Gleichgewicht ein Zustand ist, in Richtung auf welchen eine Tendenz besteht im Sinne eines stabilen Attraktors.[39]

Dann ist aber eine Unterscheidung zwischen Gleichgewicht und Ungleichgewicht problematisch: Auch Bewegungen sind Gleichgewichte in dem Sinne, daß in jedem Zeitpunkt bestimmte Einflüsse und Gegeneinflüsse sich gegenseitig aufheben.[40]

Andererseits ist ein Partialgleichgewicht im allgemeinen (auch approximativ) kein stabiler Attraktor, wenn exogene Variablen des Partialmodells endogenisiert werden. Z. B. wird das allgemeine Marktgleichgewicht zum Ungleichgewicht, wenn man Kapitalakkumulation miteinbezieht.

Rein begrifflich ist die Differenzierung in "Gleichgewicht" und "Ungleichgewicht" nur relativ zu einer bestimmten Ebene der Anpassung sinnvoll.[41]

Ist die gewählte Ebene der Anpassung nur *hypothetisch* isoliert von parallel verlaufenden Anpassungsprozessen, hat ein Gleichgewicht auch in einem weiteren Sinne nur eine eingeschränkte Bedeutung: Insofern, als es die Tendenzen der Anpassungen in der betrachteten Ebene verdeutlicht, hat es illustrativen Wert — aber eben nur im Zusammenhang mit dem entsprechenden Anpassungsprozeß: Der

---

[39] Marshall spricht in diesem Zusammenhang von "normal action", "normal results", "normal prices" etc. Vgl. Marshall (1920), S.28 ff.

[40] Das entspricht dem Prinzip von d'Alembert, der für die Mechanik gezeigt hat, daß sich die Dynamik der Statik unterordnen läßt, wenn man in jedem Zeitpunkt die Trägheit der betrachteten Körper und die auf sie einwirkenden Kräfte als sich gegenseitig neutralisierend ansieht. Unabhängig davon hat Hicks eine ähnliche Sichtweise von ökonomischen Anpassungen vorgeschlagen. Vgl. die Diskussion in Schlicht (1982).

[41] Natürlich ist die Hierarchie dieser Ebenen, also das Klassifizieren von Anpassungsprozessen als über- bzw. untergeordnet, selbst ein Element der Theorie. Verschiedene Theorierichtungen können sich im Konflikt über diese Hierarchisierung befinden, wie unten in Abschnitt 2.4 exemplarisch herausgearbeitet wird.

Anpassungsprozeß tendiert in Richtung des Gleichgewichtes. Erweitert man die Theorie durch Endogenisierung bisher exogener Größen, geht infolge der Überlagerung durch andere Anpassungen die Attraktoreigenschaft verloren. Eine Erweiterung der Theorie durch Einsetzen der Partialgleichgewichte in Bewegungsgleichungen bisher exogener Variablen — also die Anwendung der Methode der Gleichgewichtsbewegung —, ist im allgemeinen keine gute Approximation und kann zu falschen Schlußfolgerungen führen.[42]

Die ausschließliche Betonung von Gleichgewichten bei der partialtheoretischen Analyse, insbesondere in Arbeitsmarktmodellen, kann also durch die genannten zwei Argumente nicht gerechtfertigt werden. Stattdessen ist ein derartiges Vorgehen nur bei substantieller Isolation von der Umgebung, bei Arbeitsmarktmodellen insbesondere der Isolation des Arbeits- vom Gütermarkt, sinnvoll.

Eine solche Isolation der betrachteten Arbeitsmarktprozesse wird in der modernen Arbeitsmarktliteratur offenbar intendiert, ist aber, zumindest was die etablierten Theorien der Nichtmarkträumung betrifft (Effizienzlohntheorie, Theorie der kollektiven Verhandlungen, Insider-Outsider Theorie), mißlungen: Das allgemein übliche Vorgehen ist, die Gültigkeit von Gleichgewichtsbedingungen im Gütermarkt zur *Voraussetzung* für die Analyse des Arbeitsmarktes zu machen, um so das hergeleitete Gleichgewicht im Arbeitsmarkt als Teil eines Gesamtgleichgewichtes zu sehen. Zu welchen Unstimmigkeiten das führt, wurde in Abschnitt 2.3.2 dargelegt.

Zur Illustration der vorgebrachten Argumente sei erneut das Effizienzlohnmodell aus 2.3.2.1 herangezogen. Die postulierten Anpassungen des Lohnes W und der Arbeitslosenquote u, wie sie das Modell

[42]Es kann sich z. B. ein stabiles Gleichgewicht der (vorher) exogenen Variablen ergeben, obwohl das "wahre" System instabil ist, vgl. Schlicht (1985), S.44. Siehe auch Abschnitt 2.6.1.

beschreibt, lassen sich etwa so formalisieren:

$$\dot{u} = \lambda \left(\frac{\bar{N} - \sum_i N_i^*(\frac{W}{p}, u)}{\bar{N}} - u \right), \tag{2.9}$$

$$\dot{W} = \mu(\omega^*(u) - 1)W, \tag{2.10}$$

wobei $\bar{N}$ das unelastische Arbeitsangebot ist und $\lambda, \mu > 0$ Anpassungsgeschwindigkeiten sind. Ist nun $Y^D\left(\frac{W}{p}, u\right)$ eine reduzierte Form der aggregierten Güternachfrage,[43] läßt sich im Stil der allgemeinen Gleichgewichtstheorie eine Preisanpassungsgleichung hinzufügen:

$$\dot{p} = \nu \left(Y^D \left(\frac{W}{p}, u \right) - \sum_i f \left(\hat{\alpha}(u) N_i^* \left(\frac{W}{p}, u \right) \right) \right) p, \tag{2.11}$$

wobei $\hat{\alpha}$ die realisierte Produktivität ist (im Unterschied zur geplanten Produktivität). Ferner ist $\nu > 0$ wieder eine Anpassungsgeschwindigkeit.

Das Partialmodell der ersten beiden Systemgleichungen führt auf das Gleichgewicht $(W^*(p), u^*)$, wobei $\omega^*(u^*) = 1$ gilt und $\frac{W^*(p)}{p} = \left(\frac{W}{p}\right)^*$ unabhängig von p ist. Dies ist das Gleichgewicht des Effizienzlohnmodells in 2.3.2.1.[44] Im Totalmodell gibt es nun unter Umständen[45] eine Anpassung an ein stationäres Gleichgewicht $\left(\left(\frac{W}{p}\right)^{**}, u^{**}\right)$ mit $\dot{u} = 0$ und $\hat{W} = \hat{p} \neq 0$. Ein solches Gleichgewicht erfüllt

$$\begin{aligned} &\mu\left(\omega^*(u^{**}) - 1\right) \\ = \; &\nu \left(Y^D \left(\left(\frac{W}{p} \right)^{**}, u^{**} \right) - \sum_i f \left(\hat{\alpha}(u) N_i^* \left(\left(\frac{W}{p} \right)^{**}, u^{**} \right) \right) \right). \end{aligned}$$

Es sind also im Modell (2.9)-(2.11) stationäre Zustände mit permanenter Übernachfrage nach Gütern sowie permanenter Lohn- und Preissteigerung denkbar. In einem solchen Fall ist die gleichgewichti-

---

[43]Etwa wie in Solow und Stiglitz (1968), S.540.

[44]Eine Diskussion dieser Anpassung findet sich in Schlicht (1978).

[45]Details sollen hier nicht diskutiert werden.

ge Arbeitslosigkeit niedriger als im Partialmodell und ist zudem abhängig von der Güternachfrage.[46] Nur falls $\frac{\nu}{\mu}$ sehr klein ist (der Fall einer temporalen Isolation) oder der Gütermarkt zufällig in $\left(\frac{W}{p}\right)^*, u^*$ (annähernd) geräumt ist (der Fall einer kausalen Isolation), stimmen die beiden Arbeitslosenquoten fast überein: $u^* \approx u^{**}$.[47]

Am Beispiel wurde klar:

1. Das Gleichgewicht der Arbeitsmarkttheorie (2.9), (2.10) ist für sich selbst weniger relevant, falls keine substantielle Isolation vorliegt.

2. Die dynamische Formulierung beschreibt die Tendenz der Anpassung im Arbeitsmarkt: Falls $u < u^*$, entsteht Lohndruck nach oben etc.

Dieser zweite Punkt sollte noch einmal als Charakteristikum allgemeiner dynamischer Partialtheorien gewürdigt werden: Die Richtung der dynamischen Anpassung *in jedem möglichen Zustand* ist der Inhalt der Theorie. Welche Zustände die interessantesten sind, müssen weiterführende theoretische Überlegungen zeigen. (Die Gleichgewichte der Partialtheorie sind es im allgemeinen nicht.)

Ein weiterer Punkt sollte hervorgehoben werden: Die Arbeitsmarkttheorie (2.9, 2.10) hätte auch mit einer anderen Theorie der Preisanpassung kombiniert werden können. Dies gilt auch allgemein: Die dynamische Formulierung einer Partialtheorie hat den Vorteil der *Kontextunabhängigkeit*: Sie kann mit beliebigen Theorien über die Anpassung der exogenen Variablen kombiniert werden.

Da es aufgrund der Isolationsproblematik notwendig erscheint, Arbeitsmarkttheorien dynamisch zu formulieren, dies andererseits deren theoretischen Gehalt ausmacht, sollen im folgenden solche Theorien betrachtet werden — sowohl rein konzeptuell als auch in Hinblick auf die existierende theoretische Literatur.

---

[46] Das obige Modell vernachlässigt die Anpassungen des Referenzlohnes und die entsprechende Tendenz zu einer akzelerierenden Inflation und sollte daher nicht ohne weiteres als Modell einer realen Phillipskurve gelesen werden. Es dient allein der Veranschaulichung.

[47] Vertieft wird diese Analyse in Kap. 3.4.2.1.

2.4 Dynamische Arbeitsmarkttheorien

Im folgenden soll zunächst in abstrakter Weise untersucht werden, wie sich Arbeitsmarkttheorien dynamisch formulieren lassen. Dann werden zwei besondere Typen dynamischer Arbeitsmarkttheorien betrachtet, die innerhalb der Menge der betrachteten Arbeitsmarktvariablen jeweils bestimmte Isolationen vornehmen: Einmal werden Beschäftigungsanpassungen als abgeschlossen betrachtet, das andere Mal Lohnanpassungen. Diese Klassifikation wird dann zu der vorliegenden Literatur in Beziehung gesetzt. Es wird gezeigt, daß der formalen Abgrenzung bezüglich verschiedener Anpassungsgeschwindigkeiten letztlich inhaltliche Unterschiede hinsichtlich des Wettbewerbs im Arbeitsmarkt zugrunde liegen.

2.4.1 Form

Arbeitsmarkttheorien als Partialtheorien beschreiben das Zusammenwirken von Lohn- und Beschäftigungsvariablen.

Folgt man der zuletzt befürworteten dynamischen Sichtweise und formuliert dieses Zusammenwirken explizit, läßt sich eine Arbeitsmarkttheorie als ein System von Bewegungsgleichungen

$$\dot{W} = f(W, X), \qquad (2.12)$$

$$\dot{X} = g(W, X) \qquad (2.13)$$

schreiben. Dabei ist W der Vektor der in der Theorie relevanten Lohnvariablen und X der Vektor der relevanten Mengenvariablen. Beispielsweise kann W die Rate der Lohninflation umfassen und X das Wachstum der Arbeitslosenzahlen. Neben beobachteten Größen können auch Erwartungen bzw. Referenzgrößen miteinbezogen werden.

Für gegebene W und X beschreiben also f und g die Tendenz oder Veränderungsrichtung der endogenen Variablen. Die für die Theorie exogenen Variablen sollten, zumindest sofern es sich um Größen handelt, von denen die betrachteten Beziehungen nicht substantiell isoliert sind, als explizite Bestandteile von f und g aufgeführt werden. Dadurch wird der partialanalytische Charakter betont und eine spätere Integration in ein umfassenderes Modell erleichtert. Dies kann durch die Verdeutlichung funktionaler Abhängigkeiten geschehen: Ist Z der Vektor dieser exogenen Variablen, so gibt es Funktionen $\tilde{f}(\cdot,\cdot,\cdot)$, $\tilde{g}(\cdot,\cdot,\cdot)$ mit

$$\begin{aligned} f(W,X) &= \tilde{f}(W,X,Z), \\ g(W,X) &= \tilde{g}(W,X,Z). \end{aligned}$$

Innerhalb einer Theorie (zentralisierter) kollektiver Lohnverhandlungen etwa ließe sich die Tendenz zur Veränderung des Tariflohnes W^T so formulieren:

$$\dot{W^T} = \tilde{f}(W^T, W_0, X, Z),$$

wobei W_0 sonstige Lohnvariablen, X die relevanten Beschäftigungsvariablen, Z der restliche Zustand der Ökonomie (zusammengefaßt durch Merkmale, die für die Lohnverhandlungen relevant sind) und $\tilde{f}$ eine hochkomplizierte Funktion ist, die etwa die jeweilige Erwartungsbildung der Tarifparteien aufgrund der augenblicklichen wirtschaftlichen Lage genauso einschließt wie die jeweilige Verhandlungsmacht (vorausgesetzt, es handelt sich dabei um Einflußfaktoren, die relativ zu den explizit als Variablen aufgeführten Größen sehr stabil sind).

2.4.2 Lohn- und Quantitätentheorien

Nicht um Begriffe um ihrer selbst willen zu formen, sondern um ein wesentliches Unterscheidungsmerkmal bestehender Arbeitsmarkttheorien herauszustellen, soll nun eine Typisierung vorgenommen werden, die das Spektrum möglicher dynamischer Theorien in gewisser Weise begrenzt:

Eine *Lohntheorie* ist eine Arbeitsmarkttheorie, die die aktuellen

Mengenvariablen stets als an die Lohngrößen angepaßt betrachtet:

$$\dot{W} = f(W, \bar{X}_a(W, \tilde{X}), \tilde{X}), \quad (2.14)$$

$$\dot{\tilde{X}} = h(X_a, \tilde{X}). \quad (2.15)$$

Dabei ist X_a der Vektor von aktuellen Mengenvariablen, $\tilde{X}$ ein Vektor von auf diese Mengenvariablen bezogenen erwarteten Werten bzw. Referenzwerten, auf die sich die Wirtschaftssubjekte bei ihren Entscheidungen beziehen und die sich gemäß (2.15) an die aktuellen Werte anpassen. Eine solche Theorie kann am besten als approximierende Gleichgewichtsbewegung ("moving equilibrium" Approximation)[48] einer anderen Theorie

$$\begin{aligned} \dot{W} &= f(W, X_a, \tilde{X}), \\ \dot{X}_a &= g(W, X_a, \tilde{X}), \\ \dot{\tilde{X}} &= h(X_a, \tilde{X}) \end{aligned}$$

gedeutet werden, wobei $\bar{X}_a(W, \tilde{X})$ die annahmegemäß eindeutige stabile Lösung von $\dot{X}_a = 0$ ist, und X_a sich relativ zu W und $\tilde{X}$ sehr schnell verändert (also X_a temporal von W und $\tilde{X}$ isoliert ist).

Eine *Quantitätentheorie* ist entsprechend eine Theorie der Form

$$\dot{X} = g(\bar{W}_a(X, \tilde{W}), \tilde{W}, X), \quad (2.16)$$

$$\dot{\tilde{W}} = i(W_a, \tilde{W}). \quad (2.17)$$

Das Betrachten solcher approximierenden Theorien gründet sich auf eine zweifache Intention:

Erstens läßt sich durch die Reduktion der Variablen die Theorie analytisch einfacher handhaben.

Zweitens erfolgt durch diese Vereinfachung eine qualitative Differenzierung der betrachteten Größen. In einer Lohntheorie sind die

[48]Zur Methode der Gleichgewichtsbewegung vgl. 2.6.1. Dort wird auch der Zusammenhang zur isolierenden Vorgehensweise angesprochen.

Löhne die für die untersuchte Entwicklung entscheidenden Kräfte: Zwar beeinflussen auch die Quantitäten die Entwicklung der Lohngrößen, doch sind erstere ja immer unmittelbar an letztere angepaßt,[49] so daß die Lohngrößen die Bewegungstendenzen des gesamten Systems gewissermaßen allein bestimmen. Zumindest in einem naiven Sinne kann man also die Entwicklungstendenz der Lohnvariablen als kausal ansehen und die Theorie als eine durch Besonderheiten der Lohnentwicklung induzierte Tendenz des Arbeitsmarktes verstehen.[50]

Die vorgenommene Typisierung soll nun als Klassifikationsmerkmal existierender Arbeitsmarkttheorien untersucht werden.

2.4.3 Effizienzlohn- und Matchingtheorie

In der vorliegenden Literatur ist der herausragende Repräsentant einer Lohntheorie die Effizienzlohntheorie.[51]

Zwar sind nur wenige Beiträge explizit dynamisch formuliert.[52] Dessen ungeachtet sind für die von der Effizienzlohntheorie postulierten Wirkungsmechanismen charakteristisch:

1. Unternehmen setzen ihre individuellen Löhne relativ zu den herrschenden Arbeitsmarktbedingungen. Bei ihren Entscheidungen beziehen sie sich also auf Referenzgrößen, die u. a. auf Beobachtungen aus der jüngsten Vergangenheit beruhen. Daher ist die Entwicklung des allgemeinen Lohnniveaus träge.

2. Unternehmen passen ihre Arbeitsnachfrage gemäß Grenzpro-

---

[49] Abgesehen von den Referenzwertvariablen.

[50] Vgl. auch die Bemerkung zur "Determination in letzter Instanz" in Schlicht (1985), S.100.

[51] Von der Kritik an der fragwürdigen Isolation des Arbeitsmarktes vom Gütermarkt sei im folgenden Abschnitt abgesehen.

[52] Die mir bekannten dynamischen Modelle finden sich in Phelps (1968) und Schlicht (1978), wobei der Beitrag von Phelps noch gar nicht als grundlegender Aufsatz zur Effizienzlohntheorie gewürdigt wurde (s. unten, Kap. 3.3). Der Beitrag von Campbell (1996) betrachtet zwar ein intertemporales Optimierungsproblem, vernachlässigt aber die Anpassung. Zudem optimieren in diesem Modell die Unternehmen unter der Nebenbedingung der Stationarität des Lohnes, was der Idee der Effizienzlohntheorie zuwiderläuft.

duktivitätskriterien an ihren eigenen (aktuellen) Lohn an. Da auf dem Arbeitsmarkt (annahmegemäß) ein Überangebot an Arbeitskräften herrscht, können die Unternehmen ihre Arbeitsnachfrage unmittelbar befriedigen. Friktionen spielen bei der Besetzung freier Stellen keine Rolle.[53]

Diese Überlegungen motivieren die Formulierung der Effizienzlohntheorie als einer Lohntheorie im genannten Sinne, wie ja bereits oben in (2.9)-(2.10) ausgeführt wurde.[54]

Dem Typ der Quantitätentheorie entspricht die auf suchtheoretischen Überlegungen aufbauende Arbeitsmarktliteratur, im folgenden kurz "Matchingtheorie" genannt.[55] Wichtige Repräsentanten dieser Literatur sind die Beiträge von Diamond (z. B. Diamond (1982)), Mortensen (z. B. Mortensen (1989)) oder auch Pissarides (z. B. Pissarides (1985)). Die Matchingtheorie betont folgende Besonderheiten der Anpassungen im Arbeitsmarkt:

1. Transaktionsprobleme wie Suchkosten, Unsicherheit und unvollständige Information behindern die reibungslose Mengenanpassung im Arbeitsmarkt. Nur ein Teil der jeweils freien Stellen wird

---

[53]Eine Ausnahme ist Phelps (1968). Dort wird aber eine im Vergleich zur Beschäftigungsanpassung langsame Geldlohnanpassung modelliert. Insofern sind auch in Phelps' Beitrag die Friktionen bei der Beschäftigungsanpassung gegenüber der Lohndynamik von untergeordneter Bedeutung. Für eine ausführliche Betrachtung von Phelps' Beitrag siehe Kapitel 3.3.

[54]Man beachte, daß (2.9) lediglich den Referenzwert der Arbeitslosenquote, auf dem die Lohnsetzung beruht, an den tatsächlichen Wert anpaßt.

Bei einer etwas sorgfältigeren Formulierung ist übrigens zu beachten, daß für den Fall, daß die Arbeitsqualität stetig von Lohn und Beschäftigung abhängt, die geplante Beschäftigung N^* in (2.9) durch die tatsächliche Beschäftigung ersetzt werden muß. Beide stimmen für $\dot{W} \neq 0$ nicht überein, da die Unternehmen dann nicht die geplante Pro-Kopf-Produktivität realisieren. Vgl. Schlicht (1978). Sofern aber die realisierte Produktivität durch den Referenzwert der Arbeitslosenquote bestimmt wird, bleibt die im Text vorgenommene Klassifikation gültig.

[55]Es gibt auch eine Literatur, die individuelle Suchentscheidungen im Arbeitsmarkt explizit modelliert. In der Matchingtheorie werden suchstrategische Gesichtspunkte jedoch nicht explizit betrachtet. Stattdessen wird der Umfang des Matchings zwischen Arbeitslosen und Vakanzen als reduzierte Form ("Matchingfunktion") modelliert, wobei die Mengenverhältnisse im Markt in einem mit Friktionen behafteten Prozeß den Umfang des Matching bestimmen. Für eine eingehende Diskussion vgl. Blanchard und Diamond (1992).

sofort besetzt, auch wenn genügend Stellensuchende im Markt vorhanden sind. Damit die Beschäftigung konstant gehalten wird, d. h. den Ausscheidenden eine ebenso große Anzahl von Nachrückern gegenübersteht, muß eine gewisse Dicke des Suchmarktes (hinreichend viele Arbeitslose und genügend Vakanzen) gewährleistet sein.

2. Der Lohn paßt sich unmittelbar an die im Arbeitsmarkt vorherrschenden Mengenverhältnisse an (bspw. über Verhandlungen zwischen zwei Matching-Partnern).[56]

Aufgrund derartiger Überlegungen ist die Matchingtheorie als Quantitätentheorie formuliert:

$$\dot{X} = g(\bar{W}(X), X), \tag{2.18}$$

wobei $\bar{W}(X)$ der an die augenblicklichen Mengenverhältnisse X angepaßte Lohn ist, und g die Nettoströme im Arbeitsmarkt (u. a. mit einer geeigneten Matchingfunktion) beschreibt.[57]

Effizienzlohn- und Matchingtheoretiker gehen also von polar entgegengesetzten Hypothesen über die relativen Anpassungsgeschwindigkeiten von Löhnen und Quantitäten aus und kommen daher zu völlig unterschiedlichen Bewertungen der Ursachen von allokativen Phänomenen wie unfreiwilliger Arbeitslosigkeit: Effizienzlohntheoretiker beziehen sich auf den Lohndruck, der den Lohn über das markträumende Niveau treibt, Matchingtheoretiker argumentieren über Friktionen bei der Beschäftigungsanpassung.

Tatsächlich ist die Flexibilität einer Variablen schwer zu identifizieren: Paßt sich eine schnelle Variable gemäß einer festen Beziehung an eine langsame Variable an, verändern sich beide Variablen im Zeit-

---

[56] Vgl. auch Diamond (1982): "Thus, the only frictions in the model are in the search process, with wages flexible" (S.217).

[57] Referenzwerte bzw. Erwartungen hinsichtlich der Löhne spielen in der Matchingtheorie in der Regel keine besondere Rolle. Dies beruht normalerweise auf der Annahme vollkommener Voraussicht bzw. der Betrachtung eines stationären Zustandes.

Der Beitrag von Blanchard und Diamond (1990) diskutiert sogar eine Quantitätentheorie ohne jegliche Lohngrößen.

ablauf langsam. Geht man davon aus, daß sich diese Beziehung selbst nicht abrupt verändern kann und auch keine Falte im Sinne der Katastrophentheorie aufweist, kann die relative Flexibilität nicht durch reine Beobachtung ermittelt werden. Es ist also Aufgabe einer Theorie, die Einteilung in langsame und schnelle Variablen zu begründen.

Diese in den betrachteten Theorien gegensätzliche Einteilung beruht offenbar auf verschiedenen Vorstellungen hinsichtlich des Wettbewerbs im Arbeitsmarkt. In der Effizienzlohntheorie konkurrieren die Unternehmen zwar mittelfristig über ihre Entlohnung miteinander um (produktive) Arbeitskräfte, kurzfristig ist der Lohn jedoch an den Job gebunden und reagiert beispielsweise nicht auf Forderungen bzw. Konzessionen einzelner Bewerber. In der Matchingtheorie wird der Lohn im Anschluß an ein Matching festgelegt (etwa in Abhängigkeit der jeweiligen Wettbewerbsposition verhandelt) und ist daher kurzfristig so flexibel, daß er sich (unmittelbar) an die vorherrschenden Mengenverhältnisse anpaßt.

Diese Beobachtungen lassen sich mit der in Thurow (1975) eingeführten Unterscheidung von Jobwettbewerb und Lohnwettbewerb in Zusammenhang sehen. Jobwettbewerb besteht dann, wenn die Entlohnung durch den Job festgelegt ist und Bewerber mit Hintergrundcharakteristika (wie Schulbildung etc.) um freie Stellen konkurrieren. Lohnwettbewerb geht von vollkommen flexiblen Löhnen aus, die etwa Angebot und Nachfrage unmittelbar ausgleichen können. Die Effizienzlohntheorie geht zumindest kurzfristig von Jobwettbewerb aus: Die Unternehmen setzen den Lohn für eine Art von Job gemäß Aspekten der Qualitätssicherung fest und treffen Einstellungsentscheidungen *gegeben* diesen Lohn. In der Matchingtheorie ist der Wettbewerbsprozeß undurchsichtig, da dort der Matchingprozeß selbst nicht als Wettbewerb gedeutet wird. Wichtig ist jedoch, daß der Lohn zwischen zwei Matchingpartnern prinzipiell frei verhandelbar ist und etwa nach den jeweiligen Wettbewerbspositionen der Matchingpartner (gegeben durch die Alternativen im Markt und die Kosten von deren

Wahrnehmung) ausgehandelt wird.

Thurow selbst betrachtet die beiden Arten des Wettbewerbs zwar als alternative Mechanismen zur "Markträumung",[58] im Unterschied zur Effizienzlohn- bzw. Matchingtheorie. Er betont jedoch die bei Jobwettbewerb gegenüber dem Lohnwettbewerb umgekehrte zeitliche Perspektive der Anpassung.[59]

Interessanterweise wird das trennende Merkmal verschiedener relativer Anpassungsgeschwindigkeiten in der Literatur selbst im allgemeinen kaum beachtet. Stattdessen erwecken Vertreter der Matchingtheorie den Eindruck, als ließe sich durch ihre Modellierung die Effizienzlohntheorie in eine übergeordnete Anpassungsebene einbetten.[60] Dies ist nicht richtig, da in der Effizienzlohntheorie die Beschäftigungsanpassung gerade als untergeordnete Anpassung gesehen wird. Die Theorien gehen von verschiedenen Hierarchien der Anpassung aus.

2.4.4 Fortsetzung des Plädoyers

Die Diskussion dieses Abschnitts hat gezeigt, daß innerhalb dynamischer Arbeitsmarkttheorien vorgenommene Isolationen wesentliche Strukturmerkmale sind, die sich unter Umständen mit bestimmten Arten des Wettbewerbs identifizieren lassen. Die dynamische Formulierung von Theorien kann so das Verständnis von Anpassungen im Arbeitsmarkt wie auch die Kritik an solchen Theorien erleichtern.

[58] So die Terminologie in Thurow (1975), S.77, S.95. Gemeint ist allerdings, daß über die Anpassung der Hintergrundcharakteristika ein Gleichgewicht im Arbeitsmarkt entsteht. In einem solchen Gleichgewicht kann auch unfreiwillige Arbeitslosigkeit bestehen. Dies hat Thurow offenbar erkannt (S.95), wenn er auch Arbeitslosigkeit in seinem Modell nicht systematisch behandelt.

[59] Thurow (1975), S.76 f.

[60] Mortensen (1989), S.353, Blanchard und Diamond (1992), S.354 ff. Tatsächlich läßt sich die "Non-shirking" Bedingung von Shapiro und Stiglitz (1984) formal als Lohnbildungstheorie in die Matchingtheorie integrieren (Mortensen (1989)). Dies ist aber unmöglich, wenn man die Effizienzlohntheorie in der Formulierung von Kap. 2.3.2.1 betrachtet: Dann gibt es nur *eine* Arbeitslosenquote, bei der der Lohn keine Änderungstendenz hat!

2.5 Zusammenfassung und Ausblick

Die recht abstrakte Diskussion dieses ersten Kapitels läßt sich hinsichtlich ihrer für die folgenden Ausführungen wichtigen Aspekte vereinfachend zusammenfassen, indem auf gängige Vorstellungen vom Arbeitsmarkt zurückgegriffen wird:

Die Lehrbuchvorstellung geht von einer im Reallohn fallenden aggregierten Arbeitsnachfragefunktion und einer im Reallohn steigenden aggregierten Arbeitsangebotsfunktion aus. In deren Schnittpunkt ist der Markt geräumt. Dies ist nach einer vor allen Dingen in Praktikerkreisen weit verbreiteten Meinung auch die zu erwartende Allokation, wenn man die Entfaltung der Marktkräfte im Arbeitsmarkt nicht auf eine nicht "marktgerechte" Weise einschränkt (z. B. durch Überregulierung).

Die moderne Arbeitsmarktliteratur hat sich verdient gemacht um eine Gegenposition zu der Vorstellung, daß im Arbeitsmarkt grundsätzlich eine Tendenz zur Markträumung besteht. Diese Gegenposition ist dann besonders überzeugend, wenn sie sich auf Besonderheiten der Lohnbildung im mikroökonomischen Kontext stützt. Bei der Übertragung auf den makroökonomischen Kontext wurde dabei jedoch an dem Nachfrage-Angebots-Diagramm im wesentlichen festgehalten, nur wurde die Gleichgewichtsallokation auf der Nachfragekurve weiter nach links oben verschoben (etwa dadurch, daß statt des Arbeitsangebotes im Gleichgewicht eine "non-shirking constraint" bindet). Mit der Schlußfolgerung, daß die Reallöhne zu hoch sind, trifft sich die moderne Literatur daher wieder mit Vertretern der ersten Sichtweise vom an sich vollkommenen Markt.

In diesem Kapitel wurde nun versucht klarzumachen, daß diese Schlußfolgerung zu hoher Reallöhne auf einem Kurzschluß beruht. Ausgehend von bestimmten Arten dezentraler oder kollektiver Lohnsetzungsentscheidungen, die die markträumende Funktion des Lohnes in Frage stellen, wird mittels fragwürdiger Annahmen hinsichtlich des Gütermarktes ein Punkt auf der aggregierten Nachfragefunktion links oberhalb des Markträumungspunktes als gleichgewichtiger Zustand hergeleitet. Insbesondere ist es bei der analytischen Bestimmung von Makrogrößen wie Arbeitslosigkeit fraglich, ob überhaupt eine aggregierte Arbeitsnachfragefunktion existiert, die die Struktur einer mikroökonomischen Nachfragefunktion besitzt. Wenn ja, ist sie das Resultat von anderen Anpassungen im Markt? Von welchen? Ist die aggregierte Arbeitsnachfrage wirklich fallend im Reallohn? All dies bleibt unklar. Es scheint, daß die modernen Arbeitsmarkttheorien dieselben Mängel aufweisen, die Keynes der klassischen Theorie vorwirft:

> This conception [i.e. die Nachfragefunktion nach Arbeit in einer einzelnen Branche (Verf.)] is then transferred without substantial modification to industry as a whole; and it is supposed, by a parity of reasoning, that we have a demand schedule for labour in industry as a whole relating the quantity of employment to different levels of wages.[61]

Klargemacht wurde, daß sich durch dynamische Formulierung von Prozessen im Arbeitsmarkt die Probleme des Kurzschließens von der Mikro- auf die Makroebene grundsätzlich vermeiden lassen. Deshalb wird auch die später vorgestellte Arbeitsmarkttheorie explizit Anpassungsprozesse betrachten (Kapitel 4). An der durch die modernen Arbeitsmarkttheorien aufgeworfenen Perspektive, daß Besonderheiten der Lohnbildung im Mikrokontext Arbeitsmarktprobleme im Makrokontext hervorrufen, soll dagegen festgehalten werden. Zu diesem Zwecke soll im folgenden Kapitel 3 die Effizienzlohntheorie genauer betrachtet werden.

---

[61] Keynes (1936), S.259.

2.6 Anhang

2.6.1 Die Methode der Gleichgewichtsbewegung

Für die Wirtschaftswissenschaften ist die Methode der Gleichgewichtsbewegung (moving equilibrium method) von fundamentaler Bedeutung. Die Grundidee ist, daß wir beim Studium von Bewegungen bestimmter Variablen diese als an bestimmte andere Variablen angepaßt betrachten. Dies hat zweifache Bedeutung:

1. Zunächst kann man grundsätzlich jede Anpassung von Variablen als Gleichgewichtsbewegung verstehen.[62]

2. Daneben hat die Methode der Gleichgewichtsbewegung auch praktische Bedeutung beim Umgang mit konkreten Modellen.

Sei z. B. ein Modell in den Vektoren x und y gegeben durch

$$\dot{x} = f(x, y), \tag{2.19}$$

$$\dot{y} = g(x, y), \tag{2.20}$$

wobei für festes y der Vektor x gegen ein eindeutiges $x^*(y)$ strebt. Dann läßt sich die Bewegung von y approximieren durch

$$\dot{y} = g(x^*(y), y). \tag{2.21}$$

Auf diese Weise läßt sich die Anzahl der Variablen reduzieren, zugleich werden die Variablen qualitativ in kurzfristige und längerfristige differenziert (vgl. auch Abschnitt 2.4).

Bezüglich des zweiten Gesichtspunktes stellt sich die Frage, wann das beschriebene Vorgehen gerechtfertigt ist. Offenbar ist die Approximation hinreichend genau, wenn x hinreichend temporal isoliert ist

[62] Vgl. die Bemerkungen oben in 2.3.3. Aus dieser Sicht erscheint z. B. die Fragestellung der allgemeinen Gleichgewichtstheorie nach dem Verhalten der Wirtschaftssubjekte außerhalb des allgemeinen Gleichgewichtes irreführend (vgl. z. B. Fisher (1987)). Verantwortlich für die dieser Fragestellung in der Literatur zur allgemeinen Gleichgewichtstheorie zugedachte Bedeutung scheint in erster Linie die künstliche Isolation des Verhaltens von der Preisentwicklung zu sein.

bzgl. y (vgl. 2.2). Das heißt ja gerade, daß y sich hinreichend langsam verändert, so daß x genügend Zeit hat, sich an $x^*(y)$ (besser: an einen Ast der $x^*(y)$ für ein kleines Intervall von y) anzunähern.

Tatsächlich läßt sich folgendes Ergebnis nachweisen:

Resultat *Es sei angenommen, daß $x^*(y)$ stabil ist und das approximierende Modell (2.21) ein eindeutiges stabiles Gleichgewicht y^* besitzt. Dann gilt:*

i) Ist x hinreichend temporal isoliert von y, so ist $(x^*(y^*), y^*)$ ein stabiles Gleichgewicht des zugrundeliegenden Modells (2.19),(2.20).

ii) Ist x nicht genügend temporal isoliert von y, so ist $(x^*(y^*), y^*)$ im zugrundeliegenden Modell (2.19),(2.20) nicht notwendig stabil.

Für eine präzisierende und verallgemeinernde Diskussion sei auf Kap. 3 in Schlicht (1985) verwiesen. Hier sollte nur der Zusammenhang zwischen der Methode der Gleichgewichtsbewegung und temporaler Isolation skizziert werden.

Interessant erscheint noch die Frage, ob die Methode der Gleichgewichtsbewegung auch bei kausaler Isolation sinnvoll ist. Wie in 2.2 dargelegt, ist ja auch für diesen Fall substantieller Isolation die Partialanalyse eine approximativ korrekte Beschreibung tatsächlicher Anpassungen (im Sinne eines übergeordneten Modells) der betrachteten Variablen. Das folgende Beispiel soll nun zeigen, daß bei rein kausaler Isolation die moving equilibrium Approximation zu falschen Schlüssen führen kann:

Seien x,y eindimensionale Größen, die den Bewegungsgleichungen

$$\begin{aligned} \dot{x} &= -y - x, \\ \dot{y} &= \mu(\varepsilon x - y), \end{aligned}$$

genügen, wobei $\varepsilon > 0$ hinreichend klein ist.

Auch wenn $\mu > 0$ sehr groß ist, was hier unterstellt werden soll, ist x kausal isoliert von y, da y sich kaum verändert, wenn x variiert.

Bei Anwendung der Methode der Gleichgewichtsbewegung gilt

stets $x = x^*(y) = -y$, also

$$\frac{dy}{dx} = -1.$$

Tatsächlich gilt aber für hinreichend großes μ

$$\frac{dy}{dx} \approx \varepsilon.$$

Wir erhalten also durch die Methode der Gleichgewichtsbewegung falsche Aussagen über Größe und Vorzeichen der Korrelationen zwischen x und y. Hier müßte genau umgekehrt verfahren werden und der Gleichgewichtswert von y bei gegebenem x in die Bewegungsgleichung von x eingesetzt werden. Ist x kausal isoliert von y, kann durchaus y temporal isoliert von x sein.

2.6.2 Referenzgrößenbildung und Variablenträgheit

Wie schon oben in 2.4.2 angedeutet, ist die Einteilung in langsame und schnelle Variablen einerseits entscheidend für Charakter und Resultate einer Theorie, wird andererseits von Theoretikern oft implizit ohne Begründung vorgenommen oder mit diffusen Argumenten zur Flexibilität einer Größe gestützt.

Hier soll nun dargelegt werden, inwiefern die Aufnahme von Information durch Marktteilnehmer mithilfe von Referenzwerten eine Einteilung in langsame und schnelle Variablen rechtfertigt. Insbesondere wird gezeigt, daß für den Fall, daß sich für verschiedene Größen diese Referenzwerte innerhalb stark unterschiedlicher Fristen an tatsächliche Größen anpassen, sich auf natürliche Weise die Marktanpassungen als eine "moving equilibrium" Bewegung der im genannten Sinne trägeren Variablen beschreiben lassen.

Zur Veranschaulichung seien die Variablen x und y, die aggregierte Größen oder Strukturmerkmale der Volkswirtschaft bezeichnen, betrachtet. Die Marktteilnehmer sorgen durch ihre Entscheidungen für Veränderungsdruck auf x und y. Nun beziehen sich die Akteure im Markt bei ihren Entscheidungen typischerweise auf vorliegende Referenzgrößen und -vorgänge.[63] Der Einfachheit halber sei der Fall betrachtet, daß nur die in der unmittelbar vorhergehenden Periode gültigen Werte von x und y für das Verhalten der Akteure von Bedeutung sind. Außerdem sei zunächst angenommen, daß diese Werte den Akteuren als Information vorliegen. Dann können die Veränderungen von x und y beschrieben werden durch[64]

$$\begin{aligned} x_{t+1} - x_t &= f(x_t, y_t), \\ y_{t+1} - y_t &= g(x_t, y_t). \end{aligned}$$

Nun könnte man argumentieren, daß beispielsweise y langsamer ist als x, wenn die Information über y nur als um n Perioden verzögerter Wert, diejenige über x dagegen als frischer Wert der letzten Periode vorliegt. Diese Verzögerung allein rechtfertigt aber nicht die Annahme temporaler Isolation der Variable x von der Variablen y. Betrachten wir die modifizierten Bewegungsgleichungen:

$$\begin{aligned} x_{t+1} - x_t &= f(x_t, y_{t-n}), \\ y_{t+1} - y_t &= g(x_t, y_{t-n}). \end{aligned}$$

Es gibt keinen Grund anzunehmen, daß y sich langsamer verändert als x. Die Verzögerung von y betrifft die Veränderung von x wie diejenige von y gleichermaßen.

Hier soll nun vorgeschlagen werden, daß es für das Anpassungstempo einer Marktvariablen entscheidend ist, in welchen zeitlichen Abständen die Referenzinformation der Marktteilnehmer an die tatsächlichen Marktgrößen angeglichen werden: Ein aktueller Aktienindex kann laufend abgerufen werden, die Entwicklung der Arbeitslo-

---

[63]Diese können auch indirekt eine Rolle spielen, wenn Schätzungen nicht beobachteter Größen oder Prognosen über zukünftige Größen auf solchen Referenzwerten beruhen.

[64]Um die Argumentation zu verdeutlichen, wird hier eine diskrete Formulierung gewählt.

senzahlen ist undurchsichtiger und schwerer zu erfassen, so daß die Zahlen nur einmal im Monat präsentiert werden.

Sei für das Beispiel angenommen, daß x jede Periode, y dagegen nur alle n Perioden aktualisiert wird:

$$\begin{aligned} x_{t+1} - x_t &= f(x_t, \tilde{y}_t), \\ y_{t+1} - y_t &= g(x_t, \tilde{y}_t), \end{aligned}$$

wobei $\tilde{y}$ der Referenzwert für y ist:

$$\tilde{y}_{kn+i} = y_{kn} \text{ für } i = 0, ..., n-1.$$

Es gilt dann

$$y_{(k+1)n} - y_{kn} = \sum_{i=0}^{n-1} g(x_{kn+i}, y_{kn}).$$

Ist nun n so groß, daß x bei gegebenem y_{kn} nur einen kleinen Teil der n Perioden benötigt, um sich hinreichend nahe an das Partialgleichgewicht $x^*(y_{kn})$ anzunähern, so ist die Approximation

$$\frac{y_{(k+1)n} - y_{kn}}{n} = g(x^*(y_{kn}), y_{kn})$$

gerechtfertigt.

Normiert man nun die Zeitstruktur neu und macht aus n Perioden eine Periode, ergibt sich

$$y_{t+1} - y_t = g(x^*(y_t), y_t).$$

Das ist nun gerade eine "moving equilibrium" Beschreibung des gegebenen Systems.

Auf ähnliche Weise könnte man eine solche Approximation rechtfertigen, wenn sich die Skalierung der (Referenz-)Variablen stark unterscheidet: Bei Aktienkursen oder -indizes werden bereits recht kleine Veränderungen registriert, während Referenzwerte für die Arbeitslosenzahlen — etwa die auf ganz Deutschland bezogenen — nur in

Hunderttausenden gezählt werden. Ist x in diesem Sinne schnell und y langsam, kann man ähnlich wie oben argumentieren, mit dem Unterschied, daß n nun endogen ist. Auf eine genauere Ausführung wird hier verzichtet.

Kapitel 3

Fluktuationen und Lohnbewegungen im Arbeitsmarkt

3.1 Die Effizienz von Anpassungsprozessen im Arbeitsmarkt

Nachdem in Kapitel 2 die Möglichkeiten des Theoretisierens über Arbeitsmärkte in Hinblick auf die Isolationsproblematik beleuchtet worden sind, sollen nun Anpassungsprozesse im Arbeitsmarkt konkreter untersucht werden. Es geht also um Mengenanpassungen (Fluktuationen) und Lohnbewegungen sowie deren Zusammenhang.

Es scheint naheliegend, Fluktuationen und Lohnbewegungen als Ausdruck von Marktkräften anzusehen: Arbeitskräfte werden in unprofitablen Bereichen freigesetzt, in rentablen eingestellt. Arbeitsplatzwechsel von Beschäftigten lassen sich als Fluß des Humankapitals in eine bessere Verwendung deuten. Löhne sind Knappheitsindikatoren für die Marktteilnehmer und ändern sich, wenn sich die Knappheitsverhältnisse verändern.

Diese "Lehrbuch"-Sichtweise von Anpassungen im Arbeitsmarkt scheint im Lichte der Probleme realer Arbeitsmärkte, insbesondere der im Trend steigenden Arbeitslosigkeit, allzu optimistisch zu sein.

Zunächst sind Such- und Matchingprozesse im Arbeitsmarkt von verschiedenen Externalitäten durchsetzt: Entscheidet sich ein Unternehmen für einen bestimmten Bewerber, gehen die Mitbewerber, die auch aufwendige Bewerbungsschreiben verfaßt und ähnliche spezifische Vorleistungen getätigt hatten, leer aus. Kündigt ein Arbeitnehmer, muß sein altes Unternehmen sich um einen Nachfolger bemühen, was etliche Ressourcen aufzehrt. Wird ein Unternehmen aufgelöst, werden durch die freigesetzten Kräfte die Chancen anderer Arbeitsloser, eine Stelle zu bekommen, geschmälert etc.

Solche Externalitäten führen, soweit sie nicht durch die Entscheidungsträger internalisiert werden, zu Ineffizienzen im Markt. Die Suchtheorie hat derartige Ineffizienzen mithilfe analytischer Suchmodelle beschrieben und klassifiziert.[1] Fraglich ist aber, ob diese Suchexternalitäten grundsätzlich der oben skizzierten Sicht des "Lehrbuch"-Arbeitsmarktes widersprechen. Z. B. ist der Wohnungsmarkt mit dem Arbeitsmarkt in hohem Maße strukturidentisch, insbesondere durch vergleichbare Suchprozesse gekennzeichnet. Dennoch wird der Wohnungsmarkt im Vergleich zum Arbeitsmarkt als relativ unproblematisch angesehen. Insofern erscheint es zweifelhaft, ob Suchexternalitäten und sonstigen Besonderheiten von Suchprozessen im Arbeitsmarkt ein so hohes Gewicht beizumessen ist.

Entscheidend für die Beurteilung der obigen Sichtweise ist offenbar die Art der Lohnbildung, die unterstellt wird. Können sich Löhne im freien Spiel der Kräfte anpassen, so haben sie tatsächlich die Funktion von Knappheitsindikatoren. Dann kann gegen die skizzierte Sichtweise wenig eingewendet werden, führt aber zu einem Erklärungsnotstand gegenüber dem Phänomen der anhaltenden, im Zeitablauf steigenden Arbeitslosigkeit (aber bspw. auch gegenüber der im Markt beobachteten Lohnstruktur).

Eine andere Theorie der Lohnbildung geht davon aus, daß die Qualität der geleisteten Arbeit positiv von der Lohnhöhe abhängt. Unternehmen setzen im Interesse eines effizienten Nutzen-Kosten-Verhältnisses ihre Löhne dann auf eine Weise, die die Funktion der Löhne als Knappheitsindikatoren stören kann. Dies führt auf

[1] Einen guten Überblick gibt Mortensen (1986).

die Kernaussage der Effizienzlohntheorie. Setzt sich die Qualitätssicherungsfunktion der Löhne gegenüber der Markträumungsfunktion durch, so bildet sich eine ineffiziente Lohnstruktur und unter Umständen unfreiwillige Arbeitslosigkeit. Anpassungen im Arbeitsmarkt können nicht mehr ohne weiteres als effizienzsteigernd angesehen werden.

Die etablierte Effizienzlohntheorie soll in diesem Kapitel nur kurz vorgestellt werden. Auch die Diskussion der vertragstheoretischen Kritik ("Bonding Critique") soll hier eher summarisch erfolgen. Stattdessen soll ein Aufsatz von Edmund S. Phelps (Phelps (1968)) als Beitrag, der bereits die wesentlichen Ideen und Schlußfolgerungen der etablierten Effizienzlohntheorie enthält und sogar teilweise über diese hinausgeht, gewürdigt werden. Außerdem sollen zwei weniger prominente Aspekte der Effizienzlohnkritik angesprochen werden: Zum einen soll argumentiert werden, daß in einer Ökonomie, in der Effizienzlöhne gesetzt werden, im allgemeinen Stabilitätsprobleme entstehen, die nicht durch Marktkräfte bewältigt werden. Dieser Aspekt wurde in der etablierten Literatur m. W. noch nicht berücksichtigt. Zum anderen soll die von der Theorie vorausgesetzte Funktionalität der Arbeitslosen als Instrument der Qualitätssicherung kritisch beleuchtet werden.

3.2 Der Grundgedanke der Effizienzlohntheorie

Der Grundgedanke der Effizienzlohntheorie ist, daß die Löhne die Qualität der Arbeit bestimmen. Während die allgemeine Gleichgewichtstheorie unterstellt, daß verschiedene Qualitäten verschiedene Waren konstituieren und daher auf verschiedenen Märkten gehandelt werden,[2] geht die Effizienzlohntheorie davon aus, daß die Qualität der Arbeit nicht in Arbeitsverträgen fixiert werden kann. Die Kontrolle der Qualität der Arbeit erfolgt — so die Effizienzlohn-

[2] Vgl. z. B. Debreu (1959), Ch.2.

theorie — durch die Löhne, die tatsächliche Qualität ist endogen.[3] Damit ist die klassische Funktion des Lohnes, den Markt zu räumen, in Frage gestellt. Reicht der markträumende Lohn nicht aus, ein (aus Sicht der Unternehmen) effizientes Kosten-Nutzen Verhältnis zu etablieren, bildet sich ein Lohn über dem markträumenden Niveau. Genauer: Ist der Lohn gerade markträumend, so haben die Unternehmen unter Umständen dennoch einen Anreiz, ihren Lohn zu erhöhen. Infolge der daraus resultierenden zurückgehenden Nachfrage nach Arbeit verschlechtern sich die Bedingungen für die Arbeitsanbieter. Dies ist beispielsweise für den Fall, daß das Unternehmen mit seiner Lohnsetzung das Abwandern seiner Belegschaft steuern will, um Trainingskosten zu sparen, so zu verstehen: Bei einem gestiegenen Arbeitsüberangebot ist die Chance für einen Arbeitnehmer, nach einer Kündigung in einem bestimmten Zeitintervall und zu bestimmten Bedingungen eine neue Beschäftigung zu finden, gesunken. Dadurch ist der Anreiz zu kündigen für einen Arbeitnehmer nun geringer. Der Anreiz für die Unternehmen, die Löhne erneut zu erhöhen, ist entsprechend abgeschwächt. Ist schließlich das Überangebot an Arbeit hinreichend groß, sind die Unternehmen gerade bereit, bei ihrer Lohnsetzungsentscheidung die im Arbeitsmarkt herrschenden Verhältnisse zu reproduzieren. In diesem Gleichgewicht ist der Arbeitsmarkt dann nicht geräumt.[4]

---

[3]Einen guten Überblick über Theorien, die die qualitätssteuernde Funktion der Preise thematisieren, gibt Stiglitz (1987).

[4]Bezieht man die Analyse auf den Teilarbeitsmarkt einer einzelnen Branche (oder auch Qualifikation), kann also auf ein Überangebot an Arbeit für diese Branche geschlossen werden. Oft geht man in der Analyse vereinfachend von einer Volkswirtschaft mit homogenen Unternehmen aus, so daß das gleichgewichtige Arbeitsüberangebot als unfreiwillige Arbeitslosigkeit interpretiert werden kann. Dies wird des öfteren kritisiert, da theoretisch eine einzige Branche ohne Effizienzlohnsetzung ausreicht, um makroökonomische Arbeitslosigkeit zu verhindern.

Tatsächlich ist aber die Abgrenzung zwischen unfreiwillig Arbeitslosen und solchen Arbeitskräften, die in unproduktiven Branchen zu markträumenden Bedingungen beschäftigt sind, jedoch einen Job in einer produktiven Branche vorziehen würden, ziemlich willkürlich. Dies sollte man auch beim Vergleich der augenblicklichen Situationen in Westeuropa und in den USA beachten (vgl. auch

Im einzelnen lassen sich verschiedene Spielarten der Effizienzlohntheorie unterscheiden: Die "Disziplin"-Version betont die Leistungsanreize, die durch Löhne gesetzt werden,[5] die "Fluktuationskosten"-Version gründet auf der Idee, daß Unternehmen durch adäquate Löhne die Abwanderung ihrer Mitarbeiter in Grenzen halten wollen.[6] Diese beiden Varianten thematisieren also *moral hazard* Probleme, die durch die Lohnsetzung gelöst werden. Dem Komplex *adverse selection* sind dagegen die Beiträge zuzuordnen, die die Selbstselektion der Arbeiter aufgrund von Löhnen betonen.[7] Als historischer Vorläufer sei noch die "Ernährungsversion" genannt, die die direkt produktivitätssteigernde Wirkung einer besseren Ernährung hervorhebt, die den Arbeitern durch eine höhere Entlohnung ermöglicht wird.[8] Vom konventionellen ökonomischen Verhaltensmodell weicht die "Moral"-Version der Effizienzlohntheorie (auch "soziologische" Effizienzlohntheorie genannt) ab, die bestimmte soziologische und sozialpsychologische Mechanismen, die eine starke Abhängigkeit der Produktivität vom Lohn implizieren, hervorhebt.[9]

Die verschiedenen Versionen sollen nun nicht im einzelnen vorgestellt und diskutiert werden.[10] An späterer Stelle (Abschnitt 3.4.1

Vogt (1996)).

Im folgenden soll diese Fragestellung nicht weiter verfolgt werden. Um die hier vorgebrachten Argumente möglichst einfach und verständlich zu machen, wird — wenn nicht ausdrücklich davon abgesehen wird — immer von einer Volkswirtschaft mit einer Branche und einheitlichen Jobs ausgegangen werden. Ein Überangebot an Arbeitskräften ist dann gleichbedeutend mit unfreiwilliger Arbeitslosigkeit.

[5] Vgl. Shapiro und Stiglitz (1984), Fehr (1986).

[6] Als grundlegende Aufsätze gelten Schlicht (1978) und Salop (1979). Wie weiter unten ausgeführt wird, ist der erste wesentliche Beitrag jedoch der von Phelps (1968).

[7] Vgl. Weiss (1980).

[8] Siehe Leibenstein (1957).

[9] Hierzu seien als grundlegende Beiträge Akerlof (1982) und Akerlof und Yellen (1990) aufgeführt.

[10] Vgl. etwa die Übersichtsartikel von Yellen (1984) und Stiglitz (1987). Eine ausführliche Diskussion der "soziologischen" Effizienzlohntheorien und deren Abgrenzung von den "neoklassischen" Effizienzlohntheorien findet sich in Kubon-Gilke (1990).

unten) wird eine allgemeine Kritik an Effizienzlohnmodellen der *moral hazard* Versionen, die die unterstellte fixe Arbeitsvertragsstruktur (sc. Zeitlöhne) kritisiert — also eine unzulässige Isolation feststellt —, kurz skizziert.

Stattdessen soll zunächst ein Aufsatz von Edmund S. Phelps (Phelps (1968)) in seinen Grundzügen vorgestellt werden. Es soll dargelegt werden, daß dieser Beitrag bereits die später in der oben angesprochenen "Fluktuationskosten"-Version der Effizienzlohntheorie ausgearbeiteten Ideen vorwegnimmt und daher als Prototyp der modernen, auf Transaktionsprobleme abstellenden Effizienzlohntheorie anzusehen ist.

3.3 Edmund S. Phelps' Beitrag zur Effizienzlohntheorie

3.3.1 Ausgangspunkt

Phelps' Grundanliegen in seinem Aufsatz im Journal of Political Economy (Band 76, 1968)[11] ist die Formulierung einer Geldlohndynamik. Insbesondere möchte er ein klareres theoretisches Verständnis des schillernden Phänomens der Phillipskurve entwickeln.

Betrachtet man die Phillipskurve kritisch, erscheint zuallererst klärungsbedürftig, welche Arbeitsmarktquantitäten die dominierenden Einflußfaktoren der (Geldlohn-)Inflation sind. Empirische Befunde und theoretische Überlegungen[12] sprechen dafür, daß neben der Beschäftigung auch die Veränderung der Beschäftigung von wesentlicher Bedeutung für Lohnsteigerungen ist. Tatsächlich betont ja

[11]Eine revidierte Fassung (Phelps (1970)) erschien in Phelps, E.S. (Hrsg.): Microeconomic Foundations of Employment and Inflation Theory (New York 1970). In der folgenden Darstellung wird an einigen Stellen auf Verbesserungen in diesem Sammelbandaufsatz bezuggenommen. Wird bei Verweisen nur eine Seitenzahl angegeben, bezieht sich diese auf Phelps (1968). (Dies gilt für das gesamte Kapitel 3.3.)

[12]Phelps (1968), S.681 ff.

die "bottleneck"-Erklärung der Phillipskurve eher einen Zusammenhang zwischen Beschäftigungs*steigerung* und Geldlohnauftrieb: Eine Nachfragesteigerung, die Engpässe im Arbeitsmarkt entstehen läßt, führt zu Beschäftigungs- und Lohndrucksteigerung, damit aber auch zu einem Abbau des Engpasses und deshalb nach der Erhöhung der Beschäftigung nicht zu weiterhin erhöhtem Lohndruck.

Eine zweite Unklarheit betrifft die zeitliche Stabilität der Phillipskurve vor dem Hintergrund von Erwartungsanpassungen.

Phelps versucht sich der Frage der Geldlohndynamik zunächst durch eine konventionelle, an die allgemeine Gleichgewichtstheorie angelehnte Vorstellung zu nähern.

Mit der Notation

$$\begin{aligned} L &= \text{Arbeitsangebot} \\ U &= \text{Anzahl der Arbeitslosen} \\ V &= \text{Anzahl der Vakanzen} \\ w &= \text{allgemeines Lohnniveau (Durchschnittslohn)} \end{aligned}$$

und den definitorischen Beziehungen

$$\begin{aligned} u &= \frac{U}{L} = \text{Arbeitslosenquote} \\ v &= \frac{V}{L} = \text{Vakanzquote} \end{aligned}$$

läßt sich die "naive" Geldlohndynamik

$$\hat{w} = f(v - u) \tag{3.1}$$

mit $f(0) = 0$ und $f' > 0$ formulieren.

Zwar erscheint Phelps diese Formulierung in Hinblick auf beobachtete Tendenzen im Arbeitsmarkt nicht adäquat: Eine Veränderung der Vakanzquote hat denselben Einfluß auf die Geldlohnentwicklung wie eine Veränderung der Arbeitslosenquote gleichen Ausmaßes. Zudem müßte gemäß (3.1) bei einer Arbeitslosenquote, die ständig größer als die Vakanzquote ist, ein permanenter deflationärer Druck vom Arbeitsmarkt ausgehen.

Dennoch macht (3.1) auf eines der oben angesprochenen Grundprobleme der theoretischen Fundierung der Phillipskurve aufmerksam: Neben der Arbeitslosenquote ist die Vakanzquote, die zumindest kurzfristig von der Arbeitslosenquote unabhängig ist, eine Determinante der Geldohnsteigerung. Formuliert man also die Phillipskurve als Beziehung zwischen Arbeitslosenquote und Lohnsteigerung, muß man implizit eine bereits erfolgte Anpassung der Nachfrage- an die Angebotsseite voraussetzen.

3.3.2 Die Neuformulierung der Lohndynamik

Phelps versucht nun, die theoretischen Nachteile der allein durch die Überschußnachfrage getriebenen Geldlohndynamik zu vermeiden, indem er einen anderen Wirkungskanal von Vakanz- und Arbeitslosenquote auf die Geldlohnsteigerung entwickelt.

> I shall now describe and try to rationalize a *generalized* excess-demand theory of money-wage movements, one which is less restrictive than the simple excess-demand theory but which admits it as a special case.[13]

Grundlegend ist eine Motivation der Unternehmen, ein Lohndifferential zu zahlen, das unter Umständen vom aktuellen Lohndifferential des Unternehmens abweicht. Begründet wird diese Motivation mit einem Fluktuationskostenargument:

> An important element of this theory is the cost to the firm of its "turnover rate." Given a constant differential between the firm's wage rate and the wage rates paid by other firms, a fall of the unemployment rate will tend to

[13] S.686, Hervorhebung von Phelps.

> increase the quit rate experienced by the firm. Unless the firm's employment was excessive to begin with, the increase of its quit rate will impose costs: The firm must either allow its output to decrease, thus losing profits, or incur the recruitment, processing, and training costs of replacing the departing workers (or choose some combination of these two losses). At a sufficiently high quit rate corresponding to a low unemployment rate, the firm will want to increase the differential between the wage it pays and the average wage paid elsewhere, on the ground that the savings from lower turnover costs will more than pay for the extra wage bill.[14]

Phelps erkennt in diesem Mechanismus eine Funktion von Arbeitslosigkeit und freien Stellen, die von der klassischen Funktion, Lohndruck in Richtung Markträumungsgleichgewicht zu erzeugen, grundverschieden ist.[15] Beide Größen steuern die Kündigungsrate der Beschäftigten:

> Thus one role of unemployment in this theory stems from its effect upon quit rates rather than from any supposed underbidding for jobs by unemployed workers.
>
> Undoubtedly job vacancies also play a part. First of all, the quit rate may depend upon both the unemployment rate and the vacancy rate since these two variables together can be supposed to affect accession rates and hence the expected duration of unemployment by anyone contemplating quitting. [...][16]

---

[14]S.686.

[15]Insofern ist die Bezeichnung "generalized excess-demand theory" etwas unglücklich. Phelps ging es offenbar bei dieser Benennung nur darum, daß man den Anpassungsmechanismus (3.1) formal seiner neuentwickelten Geldlohndynamik (s. u. (3.5)) unterordnen kann (s. a. S.688).

[16]S.686 f.

Nun kann Phelps seine Lohndynamik formulieren. Er bezeichnet das von Unternehmen i angestrebte Lohndifferential mit

$$\Delta_i^* = \frac{w_i^* - w^e}{w^e}, \tag{3.2}$$

wobei w^e der erwartete Durchschnittslohn im Markt ist[17] und w_i^* der für Unternehmen i optimale Lohn ist.[18] Für die weitere Analyse ist es nützlich, von adaptiver Erwartungsbildung auszugehen.[19]

Sind nun alle Unternehmen identisch, ergibt sich aus den Δ_i^* das durchschnittliche angestrebte Lohndifferential (also der Lohndruck) Δ^* gemäß der Bedeutung der Fluktuationskosten und deren Beeinflussung durch Lohndifferential, Arbeitslosen- und Vakanzquote als

$$\Delta^* = m(u, v). \tag{3.3}$$

Dabei gilt

$$m_1 < 0, m_2 > 0. \tag{3.4}$$

Denn sowohl eine niedrigere Arbeitslosenquote als auch eine höhere Vakanzquote verbessern die Aussichten für die Beschäftigten, nach dem Verlassen des jetzigen Arbeitsplatzes bald eine neue Stelle zu finden. Die Wechselbereitschaft ist höher, daher steigt auch die Bereitschaft der Unternehmen, einen höheren Lohn zu zahlen.[20]

---

[17] Diese Definition von Δ_i^* stammt aus Phelps (1970). In Phelps (1968) wird noch mit $w^e = w$ argumentiert.

Passender wäre übrigens die Charakterisierung von w^e als Referenzwert für das allgemeine Lohnniveau, der den Unternehmen bei ihren Entscheidungen vorliegt. Diese Interpretation läßt sich besser mit den später eingeführten erwarteten Lohnsteigerungen (siehe Abschnitt 3.3.5) kombinieren. Im folgenden soll aber der Einfachheit halber Phelps' Terminologie beibehalten werden.

[18] Phelps (1970), S.137.

[19] Phelps betrachtet in Phelps (1970) sowohl diese als auch eine an der Idee der gestaffelten Verträge ("staggered contracts") orientierte Erwartungsbildung, die aber analytisch schwerer handzuhaben ist.

[20] Vgl. Phelps (1970), S.138. Die Argumentation ist nicht ganz vollständig, da Phelps die Reagibilität der Wechsel auf Löhne, Arbeitslosen- und Vakanzquoten nicht explizit betrachtet, sondern sofort von der reduzierten Form (3.3) ausgeht. Dafür, daß (3.4) aus der Profitmaximierung des Unternehmens abgeleitet werden

(Die Annahmen Phelps' über die Vorzeichen weiterer (partieller) Ableitungen von m sind für die Hauptlinien seiner Argumentation unwesentlich.)

Die Geldlohndynamik ergibt sich nun aus dem Lohndruck gemäß

$$\frac{\dot{w}}{w} = \lambda\Delta^* \text{ mit } \lambda > 0. \tag{3.5}$$

Die Trägheit der Lohnbewegung (Phelps hat den Fall $\lambda \ll 1$ im Auge) kann offenbar damit begründet werden, daß Unternehmen ihre Lohnentscheidungen im Hinblick auf den erwarteten Durchschnittslohn w^e treffen, die Erwartungen aber nur langsam an den tatsächlichen Durchschnittslohn w angepaßt werden.[21]

Zwar nimmt Phelps in seiner späteren Argumentation explizit keinen Bezug mehr auf die unterstellte Trägheit der Lohnanpassung, doch ist gerade diese Trägheit wichtig für die Ableitung einer stationären Phillipskurve (s. u. Abschnitt 3.3.4).

3.3.3 Die Anpassung der Beschäftigung

Bei seiner Betrachtung von Fluktuationen im Arbeitsmarkt betrachtet Phelps drei Arten von Zu- und Abflüssen:

1. Einstellungen von Arbeitslosen (R),

2. Abgänge aus Alters- oder Gesundheitsgründen (D),

3. Abgänge von Beschäftigten, die arbeitslos werden, um nach alternativen Beschäftigungsmöglichkeiten zu suchen (Q).

Aus diesen Definitionen ergibt sich die Änderung der Beschäftigung N als

$$\dot{N} = R - D - Q. \tag{3.6}$$

Phelps schließt Skaleneffekte aus, so daß sich die Veränderung der

---

kann, ist entscheidend, daß die Lohnreagibilität der Wechselaktivität zunimmt, wenn sich die Alternativen für die Beschäftigten verbessern.

[21] Für eine genaue Herleitung von (3.5) für den Fall adaptiver Erwartungen, die mit Geschwindigkeit λ angepaßt werden, vgl. Phelps (1970), S.140 f.

Beschäftigung auch mit Hilfe einer (Netto-)Matchingrate $z = z(u, v)$ ausdrücken läßt:

$$\dot{N} = z(u, v)L, \text{ wobei } z_1 > 0, z_2 > 0. \tag{3.7}$$

Bei einem konstanten, unelastischen Arbeitsangebot[22] entwickelt sich die Arbeitslosenquote also gemäß

$$\dot{u} = -z(u, v). \tag{3.8}$$

3.3.4 "Erweiterte" und "stationäre" Phillipskurve

Jedem Paar von Arbeitslosenquote u und Vakanzquote v ist eine Matchingrate z zugeordnet. Da z in v steigt, läßt sich dieser Zusammenhang wie folgt umkehren:

$$v = \psi(u, z), \psi_1 < 0, \psi_2 > 0. \tag{3.9}$$

(Durch ψ wird also diejenige Vakanzquote bezeichnet, die bei einer Arbeitslosenquote von u gerade die Matchingrate z induziert.) Durch Einsetzen in (3.5) erhält man die Beziehung

$$\frac{\dot{w}}{w} = \lambda m(u, \psi(u, z)) =: f(u, z), \tag{3.10}$$

die Phelps "erweiterte" Phillipskurve ("augmented" Phillips curve) nennt. Die Bezeichnung rührt daher, daß neben der Arbeitslosenquote auch noch die Matchingrate (oder äquivalent: die Veränderung der Arbeitslosenquote) als Determinante mit eingeht. Dabei gilt — wie man aus den Eigenschaften der Matching- und der Lohndruckfunktion leicht folgern kann —

$$f_1 < 0, f_2 > 0. \tag{3.11}$$

[22] Phelps betrachtet — etwas allgemeiner — eine konstante Wachstumsrate $\gamma > 0$ des Arbeitsangebotes.

Die letzte Ungleichung in (3.11) kann auch als

$$\frac{\partial(\frac{\dot{w}}{w})}{\partial \dot{u}} < 0$$

gelesen werden: Je stärker die Arbeitslosigkeit zunimmt, desto geringer der Lohndruck. Die Intuition dafür ist wie folgt: Ausgehend von einer bestimmten Arbeitslosigkeit wird eine Zunahme der Arbeitslosigkeit durch eine geringe Vakanzquote etwa infolge geringer Güternachfrage verursacht. Je geringer die Güternachfrage (und damit die Vakanzquote) nun ist, desto schlechter sind die Alternativen für die Beschäftigten, und desto geringer ist der Lohndruck.

Phelps geht nun davon aus, daß u und z nur kurzfristig unabhängig sind, sich schließlich die Arbeitslosenquote aber so einpendelt, daß $\dot{u} = 0$.

Der Mechanismus, den Phelps für diesen Einschwingvorgang angibt, ist allerdings unvollständig: Er argumentiert, daß eine hohe Arbeitslosenquote eine hohe Matchingrate bedeutet und damit zum Abbau von Arbeitslosigkeit führt (und umgekehrt, S.693). Dabei bleibt die Anpassung der Vakanzquote also unberücksichtigt.[23]

Die "stationäre" Phillipskurve ist nun nach Phelps der geometrische Ort derjenigen Paare von Arbeitslosenquote und Lohnsteigerung, für die der Zusammenhang (3.10) bei stationärer Arbeitslosenquote (bzw. einer Matchingrate von Null) gilt:

$$\frac{\dot{w}}{w} = f(u, 0). \tag{3.12}$$

Die Arbeitslosenquote u^* mit $f(u^*, 0) = 0$ nennt Phelps die "Arbeitslosenquote im stationären Gleichgewicht" ("steady-state equilibrium value of the unemployment rate", S.702).[24] In heute gebräuch-

[23]Auch in der modernen Effizienzlohnliteratur besteht an dieser Stelle eine theoretische Lücke: Dort werden Vakanzen gar nicht betrachtet, kurzfristige Stationarität der Beschäftigung wird in Form einer Nebenbedingung für die Unternehmen(!) vorausgesetzt (etwa in Salop (1979), Assumption 7).

[24]Vgl. dazu auch den folgenden Abschnitt 3.3.5.

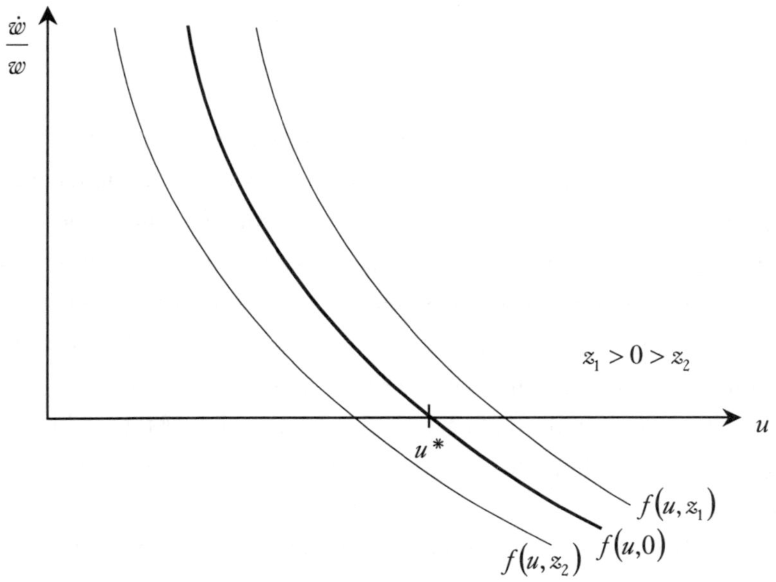

Abbildung 3.1: "Erweiterte" und "stationäre" Phillipskurve

licher Terminologie entspricht u^* also der NAIRU (s. Kap. 1).

Für die postulierte Eigenschaft der "stationären" Phillipskurve als Beschreibung einer der Anpassung der Beschäftigung übergeordneten Lohnentwicklung ist die Trägheit der Lohnentwicklung ($\lambda \ll 1$) von wesentlicher Bedeutung: Dadurch wird sichergestellt, daß die Löhne sich langsam genug verändern, so daß sich die Beschäftigung bei hinreichend stabilen Löhnen anpassen kann. In der Terminologie von Kapitel 2 wird also eine temporale Isolation unterstellt.

3.3.5 Das Makrogleichgewicht und der gleichgewichtige stationäre Zustand

Bis jetzt galt als Voraussetzung der Analyse, daß alle Unternehmen in ihr Lohnsetzungskalkül keine Steigerungen des Marktdurchschnittlohnes einrechnen. Phelps argumentiert nun, daß man eine erwartete

Änderung des Durchschnittslohnes $\left(\frac{\dot{w}}{w}\right)^e$ zwanglos in seine Theorie integrieren kann. Ein Unternehmen bezieht in die Basis, in bezug auf welche es seine Wettbewerbsfähigkeit im Arbeitsmarkt festlegt, nämlich in den erwarteten Durchschnittslohn, die erwartete Lohnsteigerung mit ein. Gleichung (3.10) verändert sich dann zu

$$\frac{\dot{w}}{w} = f(u, z) + \left(\frac{\dot{w}}{w}\right)^e . \qquad (3.13)$$

Diese Gleichung wird in Phelps (1970), S.157, auch analytisch hergeleitet.[25]

"Makrogeichgewicht" ("macroequilibrium", S.698) nennt Phelps nun einen Zustand der Ökonomie, in dem erwartete und tatsächliche Lohnänderungen übereinstimmen:

$$f(u, z) = 0. \qquad (3.14)$$

Die Unternehmen reproduzieren in einem solchen Gleichgewicht durch ihre Entscheidungen die allgemeinen Lohnsteigerungsraten. Recht lapidar und eher beiläufig stellt Phelps fest, daß dann der Arbeitsmarkt i. a. nicht geräumt ist:

> Further, there is no clearing of the labor market in any ordinary sense (S.698).

Phelps rechtfertigt die Lohngleichung (3.13) recht ausführlich. Insbesondere liefert er Argumente dafür, daß die erwartete Preissteigerung nicht als Determinante der Lohnbewegung auftritt: Die erwartete Preisentwicklung beeinflußt die Lohndynamik nur *indirekt* über die Arbeitslosen- und Vakanzquote. In anderer Hinsicht ist die allgemeine Preisentwicklung für die Wettbewerbsfähigkeit eines Unternehmens im Arbeitsmarkt nicht relevant (S.699).

---

[25] Dabei bleiben allerdings Fragen offen. Insbesondere leuchtet nicht ein, warum nicht auch $\left(\frac{\dot{w}}{w}\right)^e$ mit Gewicht λ versehen wird. Dies hätte dann Konsequenzen für die langfristige Arbeitslosenquote (s. u.).

Folgt man Phelps' Argumenten, so bleibt doch unklar, wie die Anpassung in Richtung "Makrogleichgewicht" erfolgt, und wie sich eine solche Anpassung zur oben postulierten Bewegung in Richtung der "stationären" Phillipskurve verhält. Im folgenden soll daher kurz ausgeführt werden, wie eine Anpassung auf der Grundlage von Phelps' heuristischer Diskussion vorstellbar ist.

3.3.5.1 Preisträgheit als Stabilisator

Phelps erwähnt als Möglichkeit, daß die Unternehmen die Preise (zumindest nach oben) nicht im vollen Umfang an die Lohnveränderungen anpassen können (S.700): Bei einer Lohnsteigerung kann der Preis nur um einen kleineren Prozentsatz angehoben werden, so daß der Produktreallohn steigt. Diese Preisinflexibilität hat stabilisierende Wirkung: Besteht Lohndruck im Markt über die erwartete Lohnsteigerung hinaus, hat der Reallohn eine Tendenz zu steigen. Das verringert die Arbeitsnachfrage. Dies baut den über die erwartete Lohnsteigerung hinausgehenden Lohndruck ab. Der Prozeß wiederholt sich, bis schließlich das Gleichgewicht erreicht ist.

Das Phelpssche Modell soll jetzt durch Einbeziehung dieses Wirkungsmechanismus', der als eine *Verallgemeinerung* des von der modernen Effizienzlohnliteratur postulierten Anpassungsmechanismus' angesehen werden kann, erweitert werden:

Die angesprochene Preisträgheit sei einfach durch

$$\hat{p} = (1 - \varepsilon)\hat{w} \tag{3.15}$$

mit $\varepsilon > 0$ modelliert, wobei p der Durchschnittspreis im Markt ist. Je größer ε ist, desto inflexibler sind die Preise.

Ist nun $\omega = \frac{w}{p}$ der Durchschnittsreallohn im Markt, so gilt

$$\hat{\omega} = \hat{w} - \hat{p} = \varepsilon\hat{w} = \varepsilon(\lambda m(u, v) + \hat{w}^e).$$

Hinzugefügt sei als Bewegungsgleichung der erwarteten Lohnsteigerung[26]

$$\frac{d\hat{w}^e}{dt} = \mu(\hat{w} - \hat{w}^e)$$

mit der Anpassungsgeschwindigkeit $\mu > 0$, ferner die Matchinggleichung

$$\dot{N} = z(u, v)L.$$

Die Arbeitslosenquote u und die Vakanzquote v sind vom Reallohn ω und der Beschäftigung N wie folgt abhängig:[27]

$$\begin{aligned} u &= u(N) \text{ mit } u' < 0, \\ v &= v(\omega, N) \text{ mit } v_1 \leq 0, v_2 < 0. \end{aligned}$$

Damit ergibt sich das Modell der Bewegungsgleichungen von ω, $\hat{w}^e$ und N als

$$\hat{\omega} = \varepsilon\{\lambda m(u(N), v(\omega, N)) + \hat{w}^e\}, \tag{3.16}$$

$$\frac{d\hat{w}^e}{dt} = \mu\lambda(m(u(N), v(\omega, N)), \tag{3.17}$$

$$\dot{N} = z(u(N), v(\omega, N))L. \tag{3.18}$$

Sei u^* wie oben die Arbeitslosenquote mit $f(u^*, 0) = 0$ und $v^* = \psi(u^*, 0)$. Angenommen, es existieren ω^*, N^* mit $u(N^*) = u^*$ und $v(\omega^*, N^*) = v^*$. Dann ist $(\omega^*, \hat{w}^e = 0, N^*)$ das eindeutige stationäre Gleichgewicht des Systems. Es läßt sich zeigen, daß dieses stationäre Gleichgewicht asymptotisch lokal stabil ist, falls die Preise hinreichend flexibel sind (s. den Anhang zu diesem Kapitel).

Zu beachten ist jedoch, daß im stationären Gleichgewicht die (Geld-)Löhne konstant sind. Insofern stellt der auf Preisträgheit beruhende Anpassungsmechanismus keine Fundierung einer langfristigen senkrechten Phillipskurve dar.

---

[26] Diese Anpassung wird von Phelps gar nicht betrachtet.

[27] Wegen des angenommenen lohnunelastischen Arbeitsangebotes hängt die Arbeitslosenquote nur (auf rein definitorische Weise) von N ab.

Für den Fall, daß ε hinreichend klein ist, erlauben die unterschiedlichen Anpassungsgeschwindigkeiten der Variablen eine bildliche Interpretation des Anpassungsprozesses: Die Beschäftigung N ist relativ schneller als der Reallohn ω und die erwartete Lohnsteigerung $\hat{w}^e$. Deshalb kann man sich die Anpassung approximativ bei kurzfristig stationärer Beschäftigung vorstellen. In Phelps' Terminologie befinden sich Lohninflation und Arbeitslosenquote dann immer auf einer durch die erwartete Lohnsteigerung parametrisierten "stationären" Phillipskurve. Diese Kurve verschiebt sich durch Änderung der erwarteten Lohnsteigerung (in Richtung $\hat{w}^e = 0$), gleichzeitig erfolgt durch die Reallohnänderung eine Anpassung — gemäß des oben skizzierten Mechanismus' — auf der momentanen "stationären" Phillipskurve in Richtung u^*.

3.3.5.2 Nachfragesteuerung als Stabilisator

Die Trägheit der Preise gegenüber der Geldlohnentwicklung wird zwar durch beobachtete Schwankungen im Konjunkturzyklus gestützt und kann nicht durch eine ausgearbeitete Preistheorie widerlegt werden, erscheint aber aus einer längerfristigen Wettbewerbsperspektive heraus wenig überzeugend. Überhaupt erscheint im System (3.16)-(3.18) der Einfluß des Wettbewerbs im Gütermarkt auf die Lohn- und Preisbildung vernachlässigt. Phelps selber zieht die Möglichkeit in Betracht, daß sich Lohnerhöhungen in vollem Umfang auf Preiserhöhungen übertragen (S.700). Welche Systemwirkungen das hat, insbesondere ob und wie unter diesen Voraussetzungen eine Anpassung an ein Makrogleichgewicht erfolgt, läßt er wiederum offen.

Betrachtet seien erneut die Bewegungsgleichungen der Lohnerwartung (3.17) und der Beschäftigung (3.18):

$$\begin{aligned} \frac{d\hat{w}^e}{dt} &= \mu\lambda(m(u(N), v(\omega, N)), \\ \dot{N} &= z(u(N), v(\omega, N))L. \end{aligned}$$

Für den Reallohn ω^* aus dem stationären Gleichgewicht oben ergibt sich hier dasselbe stationäre Gleichgewicht. Doch ist fraglich, ob sich als längerfristiger Reallohn gerade ω^* einpendelt. Im Gegenteil: Es müßte reiner Zufall sein, wenn sich durch Konkurrenz im Güter- und im Arbeitsmarkt gerade dieser Reallohn ergibt.[28] Im freien Spiel der Kräfte ist also im allgemeinen keine Anpassung an ein Makrogleichgewicht mit stationärer Beschäftigung (also an die in u^* vertikale Phillipskurve) möglich.[29]

Eine solcher Prozeß kann jedoch durch Steuerung der Güternachfrage — und damit der Vakanzquote — provoziert werden.

Es kann etwa restriktiv eingegriffen werden, sobald nichterwartete Inflation eintritt:

$$\dot{v} = -\alpha(\hat{w} - \hat{w}^e), \alpha > 0. \tag{3.19}$$

Geht man also davon aus, daß sich längerfristig im Wettbewerb ein bestimmter Reallohn ω stabilisiert, so ergibt sich im System (3.17)-(3.19) (wobei in (3.17) und (3.18) $v(\omega, N)$ durch v zu ersetzen ist) eine Anpassung an die langfristige Phillipskurve, also an einen Zustand, der durch die Arbeitslosenquote u^* und eine konstante Inflationsrate gekennzeichnet ist. Der formale Nachweis ist einfach und wird hier weggelassen.[30]

3.3.6 Kritische Würdigung

An Phelps' Aufsatz erscheinen die Modellierung und die Modellanalyse auf den ersten Blick in mehrerlei Hinsicht fragwürdig. Zunächst kann man kritisieren, daß die Lohnsetzung der Unternehmen

---

[28]Man beachte, daß (3.17) und (3.18) den stationären Reallohn und die stationäre Beschäftigung festlegen. Dadurch ist dann eine bestimmte Produktion gegeben. Es ist aber überhaupt nicht klar, daß die Güternachfrage bei dieser vorgegebenen Einkommensverteilung die so vorgegebene Produktion absorbiert.

[29]Dieser Gedanke wird in Abschnitt 3.4.2.1 noch vertieft.

[30]Problematisch wird das Argument, wenn etwa der Wettbewerbsreallohn ω wiederum von der Arbeitslosenquote u abhängt. Vgl. dazu ebenfalls Abschnitt 3.4.2.1.

nur durch eine reduzierte Form beschrieben wird, nicht aus einem Maximierungskalkül abgeleitet wird. Ferner ist das Modell unvollständig, da z. B. die Anpassung der Vakanzquote, einer endogenen Variablen, unklar bleibt. Die Modellanalyse ist verwirrend, da Anpassungsvorgänge nicht stringent analysiert werden. Zudem spielt eine Fülle von Effekten (besondere Lohnbildung, Friktionen, Erwartungsbildung) zusammen, die Phelps durch Einführung verschiedener Gleichgewichtsbegriffe auf eine Weise zu klassifizieren versucht, die die Lektüre seines Aufsatzes äußerst verwirrend macht.

Diese Kritik ist in gewisser Weise berechtigt (und hat es als sinnvoll erscheinen lassen, die Theorie kurz zu referieren und zu erweitern), geht aber nicht besonders tief. Die von Phelps benutzte reduzierte Form für den Lohndruck (die übrigens der "Solow-Bedingung" der neueren Effizienzlohnliteratur entspricht) ist durchaus konsistent mit Profitmaximierung. Das Modell kann — wie die vorangehenden Ausführungen zeigen — sogar in mehrfacher Weise vervollständigt werden. Die verschiedenen Anpassungsvorgänge lassen sich aufgrund der von Phelps postulierten Anpassungsgeschwindigkeiten hierarchisch ordnen: Die Friktionen im Arbeitsmarkt spielen aus diesem Grunde nur eine untergeordnete Rolle. Die Lohnbildung erscheint als dominante Ursache für die Allokation.

Tatsächlich qualifizieren die angeführten Bestimmungsgründe der Lohnbildung und die Einsicht, daß deswegen im Arbeitsmarkt keine Markträumung erfolgt, Phelps' Aufsatz als grundlegenden Beitrag zur modernen, auf Informationsasymmetrien abstellenden, "neoklassischen" Effizienzlohntheorie.

In einer Hinsicht ist Phelps' Theorie den modernen Beiträgen sogar überlegen: Ihm ist klar, daß eine vom Gütermarkt isolierte Theorie des Arbeitsmarktes nicht sinnvoll ist; er verwendet als zusätzliche Determinante des Lohndrucks die Vakanzquote, über die die Güternachfrage in die Analyse einfließen kann. Grundsätzlich ist die Theorie auch für Preisanpassungen offen, wie oben deutlich gemacht wurde. Die dynamische Formulierung erlaubt in dieser Hinsicht verschiedenartige Erweiterungen des Modells. Die in Kapitel 1.3 herausgearbeiteten Isolationsprobleme moderner Theorien lassen sich auf diese Weise vermeiden.

Hat die Effizienzlohnliteratur nach Phelps überhaupt Erkenntnisfortschritt hervorgebracht? Sicherlich ist das Verständnis der aus gesamtwirtschaftlicher Sicht fehlerhaften Lohnbildung im Arbeitsmarkt durch die Diskussion verschiedener Motive für die Effizienzlohnsetzung (s. die oben aufgezählten "Versionen") bereichert und vertieft worden. Zudem ist im Zuge der neueren Beiträge eine interessante Debatte um alternative Vertragsformen, die die Markträumungsprobleme unter Umständen eliminieren können, entfacht worden (vgl. zur "Bonding Critique" den folgenden Abschnitt 3.4.1).[31]

Zusammenfassend ist Phelps' Aufsatz als wegweisender Beitrag der modernen theoretischen Arbeitsmarktliteratur zu würdigen.[32] Die Vielschichtigkeit der Analyse, durch die Unzulänglichkeiten, wie sie für die später entstandenen Beiträge typisch sind, vermieden werden, hat offenbar die ihr zustehende Bedeutung als wissenschaftliche Innovation in der akademischen Diskussion verhindert.[33]

3.4 Kritik an der Effizienzlohntheorie

Die Effizienzlohntheorie ist stets umstritten gewesen. Die akademische Kritik zielte dabei vor allem auf die Möglichkeit ab, daß durch Einführung geeigneter Verträge die von der Effizienzlohntheorie be-

[31] Dieser letzte Problemkreis ist in Phelps (1968) offenbar nicht erkannt worden. Dort wird die Möglichkeit für die Unternehmen angeschnitten, nur für die Neueingestellten vom aktuellen Marktlohn abzuweichen. Diese Bemerkung trifft das Argument der "Bonding Critique" nicht und paßt auch sonst nicht in Phelps' Argumentation bzgl. der Fluktuationskostenproblematik. Schließlich geht es darum, eingearbeitete Kräfte durch attraktve Lohnofferten im Unternehmen zu halten.

[32] Phelps hat einen entsprechenden Anspruch zuletzt selbst deutlich gemacht. Vgl. Phelps (1994), S.10 ff.

[33] Phelps' Aufsatz findet bspw. in Überblicksartikeln wie Yellen (1984) und Stiglitz (1987) keine Erwähnung.

handelten Qualitätssicherungsprobleme gelöst werden können, ohne daß gleichzeitig Markträumungsprobleme entstehen. Aber auch diese Kritik kann in Frage gestellt werden. Eine kurze Übersicht über diese Debatte soll in Abschnitt 3.4.1 folgen, ohne daß sie hier durch neue Aspekte weitergetrieben werden kann.

Eine andere Frage betrifft die Stabilität einer Volkswirtschaft mit Effizienzlohnsetzung. Gemäß der einschlägigen Modellvorstellung hat ja die Arbeitslosenquote stabilisierende Wirkung: Der Lohndruck ist genau dann Null bzw. konstant, wenn das Niveau der natürlichen Arbeitslosigkeit (bzw. der NAIRU) erreicht worden ist. Diese Argumentation läßt aber Anpassungen im Gütermarkt außer Betracht. Hier kann man also wieder an die Fragestellungen der Isolationsproblematik aus Kap. 1 anknüpfen. Es wird gezeigt werden, daß in einer Ökonomie mit Effizienzlohnsetzung Stabilitätsprobleme entstehen können, die nicht alleine durch Marktphänomene wie die NAIRU bewältigt werden.

Eine weitere, erst in jüngster Zeit im Zusammenhang mit dem Anwachsen der Arbeitslosigkeit in den hochentwickelten Industriestaaten geäußerte andersartige Kritik zielt auf die Frage, ob die Arbeitslosen wirklich die von der Effizienzlohntheorie postulierte Qualitätssicherungsfunktion übernehmen können. Es ist nämlich zweifelhaft, ob Arbeitslose allein dadurch, daß sie zu den herrschenden Bedingungen gerne arbeiten würden, um Arbeitsplätze konkurrieren können. Zumindest für Langzeitarbeitslose sind die Chancen auf Wiedereinstellung eher als gering anzusehen. Die Effizienzlohntheorie müßte modifiziert werden, um diesem Aspekt Rechnung zu tragen. Dies leitet dann zur in Kapitel 4 präsentierten Arbeitsmarkttheorie über.

3.4.1 Die "Bonding Critique"

Die prominenteste Kritik an der Effizienzlohntheorie greift die in der Effizienzlohnliteratur gemachte Annahme eines pro Unternehmen einheitlichen Zeitlohnes an und bringt die Möglichkeit komplizierter

Verträge, die unter Umständen die Markträumungsprobleme eliminieren können, in die Diskussion. Abstrakt formuliert ist das vorgebrachte Argument durchaus einleuchtend: Besteht die Entlohnung eines Beschäftigten aus mindestens zwei unabhängigen Komponenten, können damit auch zwei Ziele — Qualitätssicherung und Markträumung — gleichzeitig durchgesetzt werden.[34] Tatsächlich lassen sich auch einfache Vertragskonstruktionen angeben, die die von der Effizienzlohntheorie postulierten Qualitätssicherungsprobleme beseitigen: Fluktuationsprobleme könnten z. B. dadurch bekämpft werden, daß die Arbeitnehmer bei Antritt einer Stelle eine Eintrittsgebühr an ihren neuen Arbeitgeber zahlen. Bei Disziplinproblemen könnten Vertragsstrafen vereinbart werden. Diese Instrumente entlasten den Lohn und die unfreiwillige Arbeitslosigkeit von der Aufgabe, künstliche Überschüsse aus dem Arbeitsverhältnis für den Beschäftigten zu schaffen bzw. Gesamtüberschüsse aus dem Arbeitsverhältnis zu sichern. Über den Lohn kann der Arbeitsmarkt geräumt werden.

Tatsächlich beobachtet man derartige Steuerungsinstrumente in Arbeitsverhältnissen, wenn auch nicht in der geschilderten reinen Form, die die theoretische Analyse nahelegt: Funktional vergleichbar mit Eintrittsgebühren ist die Entlohnung nach Seniorität, die eine niedrige Entlohnung zu Beginn eines Arbeitsverhältnisses vorsieht. Vertragsstrafen sind selten, Bestrafungen erfolgen jedoch informell durch Zuweisung unattraktiver Aufgaben oder das Ausbleiben einer Beförderung.

Offenbar werden diese Instrumente aber nicht in dem Ausmaß eingesetzt, wie es nötig wäre, um den Lohn von der Funktion der Qualitätssicherung vollständig zu entlasten.[35]

---

[34]Natürlich ist Markträumung kein direktes Ziel von Unternehmen, wird aber — wenn der Lohn nicht zur Qualitätssicherung eingesetzt wird — indirekt durch das Bestreben der Unternehmen, Beschäftigten nur ihren Reservationsnutzen zukommen zu lassen, angesteuert.

[35]Akerlof und Katz (1989) liefern im Kontext der "shirking"-Version ein theoretisches Argument, warum steigende Lohnprofile, die den Markt räumen, keine perfekten Substitute für Eintrittsgebühren sind: Muß das "Pfand" erst durch Löh-

Die entscheidende Frage lautet also: Warum beobachten wir keine markträumenden Eintrittsgebühren oder vergleichbaren Vertragsbestandteile?

Versuche, diese "Gretchenfrage" der Arbeitsmarkttheorie zu beantworten, gliedern sich in zwei Bereiche: Einerseits wird versucht, im neoklassischen Rahmen Gegenargumente gegen die den genannten Verträgen zugesprochene Fähigkeit, Markträumung herbeizuführen, zu finden. Eine zweite Richtung betont, daß die Herleitung der Optimalität von vertraglichen Instrumenten wie Eintrittsgebühren auf Verhaltensannahmen der neoklassischen mikroökonomischen Theorie beruhen, daß diese Annahmen aber im gegebenen Kontext höchst fragwürdig sind.

Im neoklassischen Rahmen lassen sich im wesentlichen die beiden folgenden Erklärungsansätze dafür nennen, daß es trotz der Möglichkeit komplexer Verträge nicht zur Markträumung kommt:

1. Die "Bonding Critique" greift nicht direkt, falls Arbeitsverträge die Selbstselektion von Bewerbern steuern sollen.[36] Ob sich eine fähige Arbeitskraft für eine bestimmte Stelle interessiert, hängt, was die Vergütung betrifft, nur vom ex ante Kapitalwert der zukünftigen Zahlungen ab (evtl. korrigiert durch Berücksichtigung von Risikoaversion), nicht von der Struktur der Zahlungen.

Diese Bemerkung hat jedoch beim gegenwärtigen Stand der Forschung relativ geringes Gewicht, da der Selbstselektionsansatz[37] theoretisch noch äußerst lückenhaft ist.[38]

---

ne, die niedriger sind als die Opportunitätskosten des Arbeiters, im ersten Teil des Arbeitsverhältnisses aufgebaut werden, hat der Arbeiter während dieser Zeit noch keinen Anreiz, ordentlich zu arbeiten. Unter Umständen wollen die Unternehmen dies verhindern, indem sie von vornherein einen Arbeitsvertrag bieten, der als Disziplinierungsinstrument bereits ex ante eine Prämie (Jobrente) bietet. Die Argumentation berücksichtigt allerdings keine Rückwirkungen der Vertragsgestaltung auf die Opportunitätskosten (Alternativen) eines Beschäftigten, vernachlässigt also Anpassungen im Markt.

[36] Vgl. Carmichael (1990), S.288, Weiss (1990), S.6.

[37] Die grundlegende Idee findet sich in Weiss (1980).

[38] Unklar ist, warum fähigere Arbeitskräfte bessere Alternativen besitzen als weniger fähige mit den gleichen beobachtbaren Charakteristika. Außerdem ist

2. Die einschlägige "Gegenkritik" gegen den Vorschlag effizienter Vertragsgestaltung bei "moral hazard", die auch in den grundlegenden Aufsätzen zur Effizienzlohntheorie schon vorgebracht wurde,[39] lautet, daß dadurch der "moral hazard" vom Arbeitnehmer auf das Unternehmen übergeht. Können z. B. Unternehmen Eintrittsgebühren erheben, entstehen Anreize für das Unternehmen, Mitarbeiter schlecht einzuarbeiten und häufig zu ersetzen, um so möglichst viele Eintrittsgebühren zu kassieren.

Diese Gegenkritik ist nun wiederum in mehrfacher Hinsicht nicht überzeugend:

Der schwächste Einwand ist noch, daß ein um seine Reputation fürchtendes Unternehmen sich solcher Praktiken enthält. Daneben hat Carmichael (1985) darauf hingewiesen, daß ein "moral hazard" seitens des Unternehmens kein prinzipielles Hindernis für Markträumung über Eintrittsgebühren darstellt. Schließlich wird die Gegenkritik durch den Hinweis, daß die Gebühren, Strafen etc. an unabhängige dritte Parteien entrichtet werden können, ernsthaft geschwächt. Eine solche Lösung bedeutet, daß Disziplinlosigkeit der Beschäftigten besteuert wird. Da es im Gleichgewicht zu keinen Disziplinverstößen kommt, gibt es durch die Besteuerung keinerlei Verzerrung.[40] Natürlich kann man "moral hazard" Überlegungen wiederum auf die dritte Partei (die etwa Absprachen mit Unternehmen treffen könnte) übertragen und die Argumentation auf diese Weise endlos weiterspinnen.

Aus neoklassischer Perspektive sind also die Argumente gegen die "Bonding Critique" — zumindest solange noch keine überzeugende Theorie des Zusammenhangs von Lohnsetzung und Selbstselektion

---

fragwürdig, ob die Lohnelastizität der Arbeitsqualität (d. h. des Erwartungswertes der Arbeitsqualität über alle Bewerber) in diesem Kontext überhaupt den Wert Eins erreichen kann.

[39]Vgl. etwa Salop (1979) und Shapiro und Stiglitz (1984).

[40]Interessant ist in diesem Zusammenhang der Beitrag von Carmichael (1983), in dem Anwärter auf eine gehobene Senioritätsentlohnung im Unternehmen als dritte Partei fungieren.

ausgearbeitet ist — wenig überzeugend.

Die zweite Richtung des Theoretisierens gegen die "Bonding Critique" versucht Argumente dafür zu finden, daß die implizit unterstellte Annahme, daß der Nutzen eines Arbeiters allein durch sein Einkommen und die Attribute seiner Stelle bestimmt sind, gerade in Hinblick auf die von der "Bonding Critique" gemachten Vorschläge nicht überzeugt.

3. Experimente zeigen recht eindrucksvoll, wie wichtig Reziprozitätskräfte für die Sicherung des Überschusses aus einem Arbeitsverhältnis sind.[41] Eine Eintrittsgebühr kann aufgrund solcher Reziprozitätskräfte zu einer Verringerung der Leistungsbereitschaft des Arbeiters führen, obwohl sie nach neoklassischer Denkweise für diesen eine "sunk cost" darstellt und seine Anreize deshalb gar nicht beeinflußt.[42] Etwas allgemeiner läßt sich vermuten, daß — abweichend von neoklassischen Verhaltensannahmen — die *Form* eines Arbeitsvertrages eine wichtige Determinante für das Verhalten von Beschäftigten ist. Die Vertragsformen, für die die "Bonding Critique" plädiert, sind — so könnte zumindest eine These lauten, die die Abwesenheit solcher Verträge begründen kann — für die Sicherung eines möglichst großen Überschusses aus einem Arbeitsverhältnis ungeeignet, in diesem Sinne also ineffizient.[43]

4. Neben den zuletzt genannten Argumenten, die auf die Struktur des Verhältnisses zwischen einem einzelnen Arbeitnehmer und seinem Arbeitgeber abzielen, gibt es andere Argumentationsversuche, die auf die Struktur des Beziehungsgeflechts in einer Arbeitsgruppe (insbesondere einer "peer group"), damit auf den Vergleich von Beschäftigten untereinander und auf Gerechtigkeitsurteile abstellen. Exemplarisch sei hier der der "Bonding Critique" nahestehende Vorschlag

[41] Vgl. Fehr, Gächter und Kirchsteiger (1993).

[42] Diese experimentell gestützten Thesen sind ähnlich den Überlegungen der "soziologischen" Effizienzlohntheorie, etwa der "gift exchange" Theorie (Akerlof (1982), vgl. auch Kubon-Gilke (1990), S.58 ff.

[43] Eine auf Erkenntnissen der kognitiven Sozialpsychologie aufbauende Stützung dieser These findet sich in Kubon-Gilke (1990), Kap.5.

betrachtet, neuen Mitarbeitern während ihrer Anfangsphase im Unternehmen einen erheblich verminderten Lohn zu zahlen. Dadurch könnte eventuell die Wirkungsweise von nicht akzeptablen Eintrittsgebühren simuliert werden. In diesem Zusammenhang wird jedoch häufig betont, daß durch die Ungleichbehandlung von gleichartigen Mitarbeitern deren Kooperation untereinander erheblich behindert wird. Weiss (1980) schreibt etwa:

> To the extent that work is a cooperative enterprise, wage differentials between workers in the same firm with the same readily observable characteristics could cause resentments that would lower the productivity of each worker.[44]

Dieser Gesichtspunkt scheint eine anfänglich beträchtlich verringerte Bezahlung für neue Mitarbeiter, die vorher auf einer vergleichbaren Position tätig waren und schnell eingearbeitet werden können, auszuschließen. Man könnte also argumentieren, daß Mitarbeiter, die schon — im Sinne von Becker — für ihre Tätigkeit allgemein trainiert worden sind, zumindest annähernd genauso behandelt werden müssen wie die in die spezifischen Verhältnisse bereits eingearbeiteten Kollegen. Erheblich verringerte Einstiegslöhne können dann nur an aus untergeordneten Positionen oder aus dem Arbeitslosenpool rekrutierte neue Mitarbeiter gezahlt werden. Damit Markträumung erreicht wird, müssen etwa vorher Arbeitslose in einem Einstiegsjob hinreichend lange niedrigbezahlt werden, da die zur Disziplinierung von qualifizierten Insidern erforderliche Jobrente am Anfang abgeschöpft werden muß. Hier kann es Konflikte geben: Dem monatlich gezahlten Betrag der Niedrigbezahlung sind unter Umständen aufgrund von Reziprozitätsgesichtspunkten nach unten hin Grenzen gesetzt (siehe Punkt 3.). Die Dauer der Niedrigbezahlung ist dagegen insofern beschränkt, als eine Niedrigbezahlung über die Zeit der

[44]Weiss (1980), S.528.

Einarbeitung hinaus wiederum in Widerspruch zu der Kooperation sichernden Norm der Gleichbehandlung Gleichartiger gerät. Die Möglichkeiten der Abschöpfung der Lohnrente beim (Wieder-)Eintritt in die Erwerbstätigkeit sind also unter Umständen aufgrund von soziologischen und psychologischen Barrieren begrenzt.

Um die Relevanz solcher Gerechtigkeitsvorstellungen als zusätzliche Nebenbedingungen für die Gestaltung von Arbeitsverträgen empirisch zu stützen, wäre die experimentelle Untersuchung des Einflusses der Gleich- bzw. Ungleichbehandlung von Teammitgliedern auf deren Kooperation wünschenswert.

Selbst in ihrer Unvollständigkeit zeigt die vorangehende Diskussion deutlich, daß die "neoklassische" Gegenkritik der "Bonding Critique" wiederum theoretisch angreifbar ist, während die auf sozialpsychologische Mechanismen hinweisenden Einwände vielversprechend erscheinen, da sie die Diskussion in eine andere Richtung hin öffnen. Zu ihrer weiteren Ausformulierung und Stützung ist jedoch noch viel experimentelle Grundlagenforschung zu betreiben.

Im folgenden soll nun nicht mehr auf die Debatte zur "Bonding Critique" eingegangen werden, sondern — wie in den Beiträgen zur Effizienzlohntheorie — angenommen werden, daß einer Stelle ein (Zeit-)Lohn zugeordnet ist, der für alle Inhaber einer solchen Stelle derselbe ist.[45]

3.4.2 Die Funktionalität der Arbeitslosen

Eine ganz anders gerichtete, in der theoretischen Literatur jedoch kaum systematisch behandelte Kritik stellt die Funktionalität der Arbeitslosen in Frage. Nach den Überlegungen der modernen Effizienzlohnliteratur — wie auch schon in Phelps (1968) — kommt den Arbeitslosen als Gesamtheit die Funktion zu, die Lohnentwicklung und auf diese Weise letztlich die gesamte Volkswirtschaft zu stabilisieren.

---

[45]Entsprechend der Terminologie in Thurow (1975) wird also von Jobwettbewerb ("job competition") im Arbeitsmarkt ausgegangen.

Die Gesamtheit der Arbeitslosen ist ein öffentliches Gut, das jedes einzelne Unternehmen schließlich davon befreit, durch eine von den momentanen Marktbedingungen abweichende Entlohnung die Qualität der von der jeweiligen Belegschaft geleisteten Arbeit zu sichern. Der in Abschnitt 3.2 skizzierte Prozeß alternierender Lohn- und Beschäftigungsanpassungen wird gedämpft, während die Arbeitslosenquote sich der natürlichen Arbeitslosenquote nähert, und stoppt dort zuletzt. Eine gleichgewichtige Arbeitslosigkeit ist erreicht, bei der die Volkswirtschaft stationär ist.

Am Anfang von 3.4 wurde schon angedeutet, inwiefern sich die Vorstellung der Selbststabilisierung der Volkswirtschaft über das Einpendeln der gleichgewichtigen Arbeitslosenquote kritisieren läßt:

Wie in Kapitel 2.3 ausführlich dargelegt wurde, behandeln die modernen Arbeitsmarkttheorien, insbesondere die Effizienzlohntheorie, das Zusammenspiel von Güter- und Arbeitsmarkt auf eine nicht konsistente Weise. Unter entsprechenden Vorbehalten muß man den von der Effizienzlohntheorie postulierten Anpassungsprozeß sehen. Tatsächlich läßt sich bei der Berücksichtigung von Gütermarktprozessen recht leicht zeigen, daß eine gleichgewichtige Arbeitslosenquote alleine die Volkswirtschaft nicht stabilisieren kann, wie es der einschlägige Anpassungsmechanismus suggeriert. Stattdessen ist eine stabilisierende Nachfragesteuerung vonnöten. Dies soll nun mithilfe eines einfachen Modells demonstriert werden. Abschnitt 3.4.2.2 geht dann noch einen Schritt weiter und stellt die qualitätssichernde Funktion der Arbeitslosen grundsätzlich in Frage.

3.4.2.1 Stabilisierung der Volkswirtschaft durch Arbeitslosigkeit?

Im folgenden soll ein konventionelles Effizienzlohnmodell durch explizites Einbeziehen eines Gütermarktes mit monopolistischer Konkurrenz vorgestellt werden.[46] Es wird aufgezeigt werden, daß die Stabilisierung der Lohnentwicklung ein Beschäftigungsniveau verlangt, bei dem der Gütermarkt im allgemeinen nicht stationär sein kann.

Da es um den Nachweis der Nichtexistenz eines stationären Zustandes geht, ist im folgenden die Betrachtung eines statischen Modells hinreichend.

Im einzelnen seien k identische Unternehmen angenommen. Es bestehen Installationskosten für ein Unternehmen in hinreichender Höhe, so daß von einer festen Anzahl von Unternehmen ausgegangen werden kann.[47] Alle Unternehmen produzieren gemäß der Produktionsfunktion

$$Y_i = f(E_i), E_i = \alpha_i N_i. \tag{3.20}$$

Dabei ist N_i die Größe der Belegschaft in Unternehmen i und α_i die Produktivität pro Kopf, E_i also der Arbeitseinsatz in Effizienzeinheiten.

Unternehmen i sieht sich im Absatzmarkt der Nachfrage D_i gegenüber. Das Entscheidungsproblem von Unternehmen i besteht darin, relativ zu den herrschenden Marktbedingungen individuelle Preise und Löhne zu setzen, so daß der geplante Profit maximiert wird.

Annahmegemäß hat es dabei die folgenden Abhängigkeiten seiner Entscheidungsvariablen zu beachten:

---

[46] Daß der Gütermarkt hier mit dem Modell monopolistischer Konkurrenz dargestellt wird, soll nicht heißen, daß dies im betrachteten Kontext die adäquate Modellierung ist. Es geht hier allein um die Demonstration von bestimmten Systemeffekten, die bei Endogenisierung des Gütermarktes sichtbar werden. Jede andere Preistheorie — sofern die Güterpreise durch die Kosten beeinflußt werden — wäre zu diesem Zweck geeignet.

Tatsächlich gibt es ja in Gütermärkten teilweise ähnliche Transaktionsprobleme wie im Arbeitsmarkt, die für eine Abhängigkeit der Produktqualität vom Preis sprechen (vgl. etwa die Idee der sich im Markt bildenden Qualitätsprämien in Klein und Leffler (1981), s. auch Stiglitz (1987)). Empirisch ist ein dem Phänomen der anhaltenden Arbeitslosigkeit vergleichbares permanentes Überangebot ohne Preisverfall für Produktmärkte jedoch eher untypisch.

[47] Genauso wäre es möglich, die Anzahl der Unternehmen als Variable des Systems zu betrachten, die durch Marktzutritt, d. h. durch die Bedingung von Nullprofiten bestimmt wird. Dies ließe die Aussage der folgenden Analyse unberührt.

1. Die Pro-Kopf-Produktivität α_i hängt ab von der relativen Entlohnung $\omega_i = \frac{w_i}{W}$ (mit w_i = Lohn in Unternehmen i, W = allgemeines Lohnniveau im Markt) sowie der Arbeitslosenquote u im Markt:[48]

$$\alpha_i = \alpha(\omega_i, u). \tag{3.21}$$

Die für α_i in herkömmlichen Modellen angenommenen Eigenschaften (vgl. auch Kap. 2.3.2.1) sollen hier nicht erneut aufgezählt werden, da sie für das vorgebrachte Argument nicht von unmittelbarer Bedeutung sind.

2. Die Nachfrage nach dem Produkt des Unternehmens i hängt ab vom Relativpreis $\pi_i = \frac{p_i}{P}$ des von Unternehmen i hergestellten Gutes (mit p_i = Preis des von Unternehmen i hergestellten Produktes, P = allgemeines Preisniveau im Gütermarkt) sowie von den aggregierten Größen Sozialprodukt (Y) und Einkommensverteilung. Letztere soll hier durch das Reallohnniveau und die Arbeitslosenquote parametrisiert werden:[49]

$$D_i = D\left(\pi_i, \frac{W}{P}, u, Y\right). \tag{3.22}$$

Die Einkommensverteilung ist wesentlich, da sie die Investitionsnachfrage (wenn diese von der Profitquote abhängt)[50] und die Konsumnachfrage (wenn verschiedenen Einkommensarten verschiedene Sparquoten zugeordnet sind)[51] beeinflussen kann.[52] Dieser Einfluß auf die aggregierte Güternachfrage überträgt sich auf die Nachfrage nach Gütern eines Unternehmens.

Betrachtet sei der für die Effizienzlohntheorie interessante Fall,

---

[48]Man könnte im Phelpsschen Sinne auch noch die aggregierte Nachfrage nach Arbeit als Einflußgröße der Produktivität mitberücksichtigen. Dies würde die folgende Analyse qualitativ nicht verändern.

[49]Es wird von einer exogenen Arbeitslosenunterstützung ausgegangen.

[50]Vgl. die Investitionstheorie in Cartter (1959).

[51]Vgl. Kaldor (1956) und Solow und Stiglitz (1968).

[52]Ob die Güternachfrage im Reallohn steigt oder fällt, hängt davon ab, ob die Investitionsnachfrage oder die Konsumnachfrage stärker auf Änderungen reagiert. Für die folgende Argumentation hat dies keine Bedeutung.

daß ein hinreichend großes Überangebot an Arbeit besteht. Ist N_i^D die Arbeitsnachfrage von Unternehmen i, lautet das Profitmaximierungsproblem von Unternehmen i:

$$\max_{\omega_i,\pi_i,N_i^D} \pi_i P f(\alpha(\omega_i,u)N_i^D) - \omega_i W N_i^D \tag{3.23}$$

unter der Nebenbedingung

$$f(\alpha(\omega_i,u)N_i^D) \leq D\left(\pi_i, \frac{W}{P}, u, Y\right). \tag{3.24}$$

Man beachte, daß die Nebenbedingung (3.24) bindend ist. Ferner sei zur Vereinfachung angenommen, daß die Grenzproduktivität effektiver Arbeit konstant sei. Speziell gelte $f(E_i) \equiv E_i$.[53]

Dieses Problem führt nun auf die Bedingungen erster Ordnung

$$\frac{\partial\alpha}{\partial\omega_i}\frac{\omega_i}{\alpha_i} = 1, \tag{3.25}$$

$$PD + \left(\pi_i P - \frac{\omega_i W}{\alpha_i}\right)\frac{\partial D}{\partial\pi_i} = 0. \tag{3.26}$$

(Gegeben, daß die "Solow-Bedingung" (3.25) die optimale Lohnsetzung charakterisiert, ist

$$\frac{\left(\pi_i - \frac{\omega_i}{\alpha_i}\frac{W}{P}\right)\frac{\partial^2 D}{\partial\pi_i^2}}{\frac{\partial D}{\partial\pi_i}} > -2$$

eine hinreichende Bedingung für ein Profitmaximum.)

Ein stationäres Gleichgewicht $\left(\left(\frac{W}{P}\right)^*, u^*, Y^*\right)$ ist charakterisiert durch die Gleichungen[54]

$$1 = \frac{\frac{\partial\alpha}{\partial\omega_i}(1,u^*)}{\alpha(1,u^*)}, \tag{3.27}$$

[53] Da die Unternehmen nachfragebeschränkt sind, ist diese Vereinfachung zulässig, ohne daß die Allgemeinheit der Analyse dadurch eingeschränkt wird.

[54] Mit L sei das unelastische Arbeitsangebot bezeichnet.

$$
\begin{aligned}
1-\frac{\left(\frac{W}{P}\right)^*}{\alpha(1,u^*)} &= -\frac{D\left(1,\left(\frac{W}{P}\right)^*,u^*,Y^*\right)}{\frac{\partial D}{\partial \pi_i}\left(1,\left(\frac{W}{P}\right)^*,u^*,Y^*\right)}, &(3.28)\\
Y^* &= kD\left(1,\left(\frac{W}{P}\right)^*,u^*,Y^*\right), &(3.29)\\
u^* &= \frac{L-kD\left(1,\left(\frac{W}{P}\right)^*,u^*,Y^*\right)}{L}. &(3.30)
\end{aligned}
$$

Gleichung (3.29) beschreibt dabei die Gütermarkträumung im kreislauftheoretischen Sinne: Das Sozialprodukt muß bei gegebenen Bedingungen eine Güternachfrage erzeugen, die die Produktion gerade absorbiert. Die drei Teilgrößen, die einen gleichgewichtigen Zustand konstituieren, müssen vier unabhängige Gleichungen erfüllen.[55] Im allgemeinen wird es also überhaupt keinen Zustand geben, der die Wirtschaft stabilisiert.

Eine Möglichkeit, dieses Resultat zu veranschaulichen, ist die folgende: Zur Stabilisierung des Lohnes ist ein bestimmtes Beschäftigungsniveau erforderlich. Dadurch ist dann auch die Produktion festgelegt. Damit der Gütermarkt im kreislauftheoretischen Sinne ausgeglichen ist, muß der Reallohn gerade so hoch sein, daß die entsprechende Einkommensverteilung eine Güternachfrage in der festgelegten Höhe erzeugt. Dieser Reallohn ist aber im allgemeinen verschieden von demjenigen, der sich im monopolistischen Wettbewerb der Unternehmen einspielt.

Es handelt sich hier um eine alte Problematik in neuem Gewand. Schon Solow und Stiglitz (1968) und Schlicht (1975) haben auf die Schwierigkeit der Vereinbarkeit von kreislauftheoretischen Ideen mit der Grenzproduktivitätstheorie hingewiesen: Der Reallohn kann nicht gleichzeitig den Arbeitsmarkt und den Gütermarkt räumen.

[55] Wird, wie oben angedeutet, die Arbeitsnachfrage als zusätzliche Determinante der Produktivität eingeführt, so erhöht sich die Anzahl der unabhängigen Größen um eins, genauso jedoch die Anzahl der Gleichgewichtsbedingungen, da im Gleichgewicht die Arbeitsnachfrage mit der Arbeitslosenquote konsistent sein muß.

Dies wird recht deutlich im (kurzfristigen) statischen Teil des Modells von Schlicht (1975). Bei Solow und Stiglitz (1968) werden dagegen kurzfristige Anpassungen explizit betrachtet. Die Quintessenz lautet etwas anders: Haben sich Reallohn und Beschäftigung auf einem (kurzfristig) stationären Niveau eingependelt, so ist in diesem Zustand der Gütermarkt im allgemeinen nicht geräumt, d. h. bei der entsprechenden Höhe der Produktion und dem entsprechenden Niveau des stabilen Reallohns stimmt die Güternachfrage nicht mit dem (durch den Reallohn induzierten) Güterangebot überein. Ferner herrscht im Gleichgewicht im allgemeinen Unterbeschäftigung und Inflation.

Eine derartige funktionale Überlastung des Reallohnes besteht nun auch, wenn man — anders als Solow und Stiglitz (1968), wo Engpässe die Preis- und Lohndynamik treiben — Effizienzlohnsetzung als Motor der Lohndynamik und monopolistischen Wettbewerb als Antreiber der Preisdynamik ansieht. Diese Inkonsistenz kann man auch so interpretieren: Stabilisierung der Lohn- und Preisentwicklung erfordert ein bestimmtes Beschäftigungs- und Produktionsniveau. Diese Produktion kann aber zusammen mit der stabilitätskonformen Einkommensverteilung nicht garantieren, daß der Gütermarkt geräumt ist.

Es sollte beachtet werden, daß das von Solow/Stiglitz hergeleitete Resultat der Analyse, nämlich die Tendenz zu einem stationären Gleichgewicht mit stabilen Reallöhnen und stabiler Produktion und Beschäftigung bei fester gemeinsamer Wachstumsrate von Preisen und Geldlöhnen, im hier betrachteten Zusammenhang nicht sinnvoll ist. Zwar läßt sich das System (3.27)-(3.30) formal eventuell dadurch lösen, daß eine von Null verschiedene gemeinsame Wachstumsrate für Löhne und Preise im stationären Gleichgewicht zugelassen wird. Dies erscheint aber der hier zugrundeliegenden Lohn- und Preisdynamik, bei der Unternehmen durch Lohn- und Preissetzung ihre *relative* Position im Wettbewerb um Nachfrage nach ihren Produkten bzw. um qualitativ hochwertige Arbeit festlegen, nicht angemessen: Andauernde Steigerungsraten werden nach einiger Zeit bei der Einschätzung der Konkurrenzfähigkeit berücksichtigt und führen zu akzelerierender Inflation.[56] Auch für eine Volkswirtschaft mit Inflation sind also die Gleichungen (3.27)-(3.30) maßgebend für ein stationäres Gleichgewicht.

Daß es ein solches Gleichgewicht i. a. nicht gibt, ist als Indiz dafür anzusehen, daß es bei Effizienzlohnsetzung im freien Spiel der Kräfte neben Arbeitslosigkeits- auch Inflationsprobleme geben kann. Dann sind gerade wegen der latenten Gefahr einer akzelerierenden Inflation restriktive Eingriffe in das Marktgeschehen notwendig.[57]

Auf diese Phänomene hinzuweisen erscheint auch deshalb angebracht, weil in einigen Beiträgen der modernen Literatur, die das Zusammenspiel von Güter- und Arbeitsmarktprozessen bei monopolistischer Konkurrenz bzw. Effizienzlohnsetzung untersuchen, die angesprochene Problematik ignoriert wird. Dies geschieht in der Regel durch ungerechtfertigte Annahmen. Die oben präsentierte einfache Theorie ist z. B. eine Verallgemeinerung der Modelle von Akerlof und Yellen (1985) und Gahlen und Ramser (1987). In Akerlof und Yellen (1985) wird jedoch per Annahme davon ausgegangen, daß die Gesamtnachfrage gerade dem Volkseinkommen entspricht, sobald alle Unternehmen denselben Preis setzen. Die kreislauftheoretische Problematik wird also von vornherein ausgeklammert. Gahlen und Ramser (1987) dagegen modellieren das Verhältnis von Effektivlohn (=tatsächlich gezahltem Geldlohn) und Tariflohn als für die Produktivität eines Arbeiters entscheidende Größe. Falls die meisten Unternehmen übertariflich zahlen, widerspricht dies jedoch der grundlegenden Idee, daß für die Produktivität eines Arbeiters seine augenblicklichen Vertragsbedingungen im Vergleich zu seinen tatsächlichen Alternativen entscheidend sind. Das destabilisierende Moment

[56] Vgl. Abschnitt 3.3.5 für die entsprechende Begründung in Phelps (1968).

[57] In (3.27)-(3.30) könnte ein stationäres Gleichgewicht dadurch erreicht werden, daß die Güternachfrage geeignet manipuliert wird.

der Lohnbildung ist durch diese wenig überzeugende Verhaltensannahme im Modell von Gahlen und Ramser (1987) von vornherein ausgeschaltet.

Zusammenfassend läßt sich feststellen: Selbst wenn man den von der Effizienzlohntheorie postulierten Einfluß der Arbeitslosen auf die Qualität der Arbeit gelten läßt, kann man nicht davon ausgehen, daß der freie Markt von selbst auf die gleichgewichtige Arbeitslosenquote zusteuert. Tatsächlich läßt sich nur die deutlich schwächere Aussage halten, daß eine bestimmte Arbeitslosenquote *notwendig* ist, um die Geldlohnentwicklung zu stabilisieren. Dies folgt aber schon allein aus der "Solow-Bedingung".[58] Die herkömmlichen Effizienzlohntheorien schließen ihr Modell durch inkonsistente Annahmen über Güterproduktion und -absatz, letztlich durch die Nichtbeachtung des Gütermarktes. Daraus resultiert — irreführenderweise —, daß die gleichgewichtigen Arbeitsmarktbedingungen auf die Dauer die gesamte Volkswirtschaft stabilisieren. Die stabilisierende Rolle der gleichgewichtigen Arbeitslosigkeit wird jedoch ernsthaft in Frage gestellt, wenn einfache Überlegungen zur Gütermarktdynamik miteinbezogen werden. Tatsächlich scheint die Konsequenz solcher Überlegungen zu sein, daß in Volkswirtschaften mit Effizienzlohnsetzung Inflationsprobleme virulent sein können und deshalb nachfragebeeinflussende Interventionen zur Stabilisierung notwendig sind.[59]

3.4.2.2 Qualitätssicherung durch Arbeitslose?

Im folgenden soll die Grundlage der Funktion der Arbeitslosen als Stabilisator der Lohnentwicklung (wenn auch nicht der gesamten Volkswirtschaft) kritisch beleuchtet werden. Diese Funktion beruht ja auf der direkten Beeinflussung der Qualität der von den Beschäftigten geleisteten Arbeit durch die Arbeitslosen.

---

[58] Darauf wurde schon in Kapitel 2.3.2.1 hingewiesen.

[59] Vgl. auch Abschnitt 3.3.5.2 oben, wo im Kontext von Phelps' Modell der hier angesprochene Problemkreis bereits berührt wurde.

Dies ist nun aber — wie im folgenden gezeigt werden soll — nicht so plausibel, wie die Effizienzlohntheoretiker behaupten. Z. B. ist es im Rahmen der Argumentationslinie der "soziologischen" Effizienzlohntheorien fraglich, warum die Existenz von Arbeitslosen (also von an den Arbeitsprozessen Unbeteiligten) die Fairneßvorstellungen der Beschäftigten beeinflussen sollten. Noch plastischer ist der Zusammenhang bei den *moral hazard* Versionen: Hier wird postuliert, daß eine größere Anzahl von Arbeitslosen die Aussicht eines einzelnen Arbeitslosen auf eine Stelle innerhalb eines bestimmten Zeitintervalls verringert und deshalb die Beschäftigten, die sich nun in höherem Maße darum bemühen, ihre Stelle zu behalten, in entsprechend höherem Maße diszipliniert.

Dieses Argument setzt voraus, daß Arbeitslose im Wettbewerb um freie Stellen zumindest in gewissem Umfang konkurrenzfähig sind. In den einschlägigen Effizienzlohntheorien vom *moral hazard* Typ wird dies typischerweise so modelliert:

1. Beschäftigte, die aus einem Job ausscheiden, werden arbeitslos.
2. Unternehmen sind indifferent zwischen ihren Bewerbern.[60]

Nun ist es aber tatsächlich so, daß Beschäftigte, die aus ihrem alten Arbeitsverhältnis ausscheiden, oft nicht arbeitslos werden, sondern unmittelbar im Anschluß eine neue Stelle antreten. Gerade für den Fall, daß ein Arbeitnehmer selber kündigt, ist dies sogar typisch. Dies drückt sich recht eindrucksvoll in Statistiken aus: Sowohl Akerlof, Rose und Yellen (1988) für die USA als auch Noll (1985) für Deutschland kommen zu dem Ergebnis, daß ca. 80 Prozent aller männlichen Arbeitnehmer, die eine Stelle kündigen, unmittelbar im Anschluß ein neues Arbeitsverhältnis eingehen. Bezogen auf *alle* aufgelösten Arbeitsverhältnisse männlicher Arbeitnehmer ist der Anteil der unmittelbaren Arbeitsplatzwechsel in den USA immer noch ca. 50 Prozent (nach Akerlof, Rose und Yellen (1988)). Unterstellt man

[60]In Shapiro und Stiglitz (1984) wird dieser Aspekt so formalisiert, daß von einer zufälligen Zuordnung der Arbeitslosen zu freien Stellen ausgegangen wird.

Stationarität, so besagt die letzte Zahl, daß auf 50 Prozent aller freien Stellen, die mit Männern besetzt werden, Jobwechsler eingestellt werden.[61]

Man kann nun die empirische Häufigkeit von Arbeitsplatzwechseln im Lichte der Effizienzlohntheorie auf zweierlei Weise theoretisch einordnen:

Die erste Sichtweise betont, daß es sich bei Jobwechseln um Vorgänge handelt, die die theoretische Analyse komplizieren, jedoch nicht wesentlich verändern. Sie sind offenbar von untergeordneter Bedeutung, da durch solche Wechsel die aggregierten Beschäftigungszahlen nicht verändert werden.[62]

Ganz entgegengesetzt könnte man jedoch davon ausgehen, daß die Häufigkeit der direkten Arbeitsplatzwechsel darauf hinweist, daß Unternehmen bei der Besetzung freier Stellen Bewerber, die noch eine Stelle innehaben, bevorzugen.

Für eine derartige Präferenz der Unternehmen gibt es noch weitere empirische Anhaltspunkte:

Ein eher indirektes Indiz ist der geringe Einfluß der Zahl der Arbeitslosen beim Schätzen von Lohngleichungen.[63] Dies steht im Widerspruch zur Aussage der Effizienzlohntheorie, daß infolge der Indifferenz der Unternehmen zwischen den Bewerbern die Arbeitslosenzahlen die Lohnentwicklung entscheidend beeinflussen. Ferner gibt es in Deutschland beträchtliche Subventionen für die Einstellung Langzeitarbeitsloser.[64] Diese Möglichkeit wird jedoch von den Unternehmen nicht in nennenswertem Umfang wahrgenommen. Schließlich zeigt der Konjunkturverlauf, daß Arbeitslose dann gute Einstel-

---

[61] Für Frauen sind die Zahlen wegen der häufigeren Unterbrechung der Erwerbsbiographie geringer. S. auch Noll (1985), S.285 f.

[62] So sind wohl die Bemerkungen in Phelps (1968), S.689, und in Salop (1979), S.122, zu verstehen.

[63] Vgl. Gahlen und Ramser (1987), Coe (1990) und Schlicht (1992).

[64] Die Einstellung eines neuen Mitarbeiters, der mindestens ein Jahr (drei Jahre) lang arbeitslos war, wird ein Jahr lang mit 50 (70) Prozent des Lohnes bezuschußt. (Angaben nach Schlicht (1995) und der dort genannten Quelle Richtlinien (1989).)

lungschancen haben, wenn ihre Berufserfahrung noch recht frisch ist. Überraschenderweise ist der Strom vom Arbeitslosen- in den Beschäftigtenpool in der Rezession, wenn aufgrund von Entlassungen viele gutqualifizierte Arbeitslose Stellen suchen, sogar größer als in der Hochkonjunktur.[65]

Dieser letzte Punkt legt bereits nahe, wie sich eine Präferenz der Unternehmen für beschäftigte Bewerber auch theoretisch durch Verweis auf Humankapitalüberlegungen deuten läßt: Beschäftigte haben gegenüber Arbeitslosen den Vorteil eines höheren allgemeinen Humankapitals in Form von frischer Berufserfahrung. Letztere erleichtert die Integration in die Zusammenhänge des neuen Arbeitsplatzes, auch soweit diese spezifischer Natur sind.

Die die Präferenz der Unternehmen für beschäftigte Bewerber[66] theoretisch fundierende Hypothese müßte also lauten:

1. Beschäftigte Bewerber sind (zumindest während der Anfangsphase im neuen Arbeitsverhältnis) produktiver als nichtbeschäftigte Bewerber.

2. Dieser Produktivitätsunterschied wird nicht durch ein ausreichend großes Lohndifferential reflektiert.[67]

---

[65]Vgl. Schettkat (1996) und die dort angegebenen Quellen.

[66]Die hier diskutierte Präferenz ist natürlich eine vereinfachende Projektion des Einstellungsverhaltens der Unternehmen auf eine Entscheidung zwischen zwei Gruppen (beschäftigte und nichtbeschäftigte Bewerber). Da auf diese Weise Heterogenitäten innerhalb dieser Gruppen ausgeblendet werden, fragt sich, ob hier nicht eine künstliche Zäsur hergestellt wird. Dazu ist zunächst zu sagen, daß die vorgenommene Unterteilung aus Gründen der Einfachheit und Verständlichkeit der vorgetragenen Argumente geschieht. Außerdem ist es in der wissenschaftlichen Folklore wie auch in der öffentlichen Diskussion üblich, vom "Stigma der Arbeitslosigkeit" zu sprechen. Damit ist gerade eine Unstetigkeit in der Behandlung von Bewerbern gemeint, die der oben getroffenen Zweiteilung entspricht. Auch wenn das Phänomen des Stigmas noch nicht theoretisch begriffen werden konnte, scheint es doch verhaltenssteuernde Wirkung zu haben: Arbeitskräfte versuchen, Perioden der Arbeitslosigkeit in ihrer Erwerbsbiographie strikt zu vermeiden. Dies spiegelt sich ja auch in den oben genannten statistischen Angaben zum Jobwechselverhalten wieder.

[67]Auf die Ursachen der ausbleibenden Lohndifferentiale soll hier nicht mehr eingeangen werden. Siehe die Diskussion zur "Bonding Critique" in Abschnitt 3.4.1.

Vereinfachend läßt sich die genannte Präferenz recht passend in Thurows Theorie des Jobwettbewerbs (Thurow (1975)) interpretieren: Die Löhne sind den jeweiligen Stellen zugeordnet; bei der Besetzung einer freien Stelle sind die Hintergrundcharakteristika der Bewerber maßgebend, wobei es als positives Hintergrundcharakteristikum gewertet wird, wenn der Bewerber noch eine Stelle hat.

Die Präferenz für Beschäftigte impliziert *nicht*, daß keine Arbeitslosen eingestellt werden. Beschäftigte Bewerber werden bei der Einstellung bevorzugt. Ein Stellenwechsel eines Beschäftigten ändert jedoch die aggregierten Größen im Arbeitsmarkt nur dann, wenn nach dem Abgang des Stellenwechslers seine ehemalige Stelle gestrichen wird. Aufgrund von Pensionierungen etc. besteht also i. a. ein ständiger Bedarf an Arbeitskräften, die außerhalb des Beschäftigtenpools rekrutiert werden müssen (hier vereinfachend als Arbeitslose bezeichnet).

Es scheint nun angebracht, die Effizienzlohntheorie mit der Hypothese der genannten Präferenzen zu konfrontieren. Naheliegend ist es, dazu die Fluktuationskostenversion heranzuziehen, die ja die Bedeutung von "on-the-job" Training im Zusammenhang mit der Lohnsetzung der Unternehmen untersucht. In den einschlägigen Beiträgen wurde bis jetzt allerdings allein die Rolle von spezifischem Training herausgestellt, während implizit davon ausgegangen wurde, daß die Neubesetzung einer Stelle kein allgemeines Training erfordert.[68] Dies rechtfertigte die Indifferenz der Unternehmen über alle Bewerber und damit die Steuerungsfunktion der Arbeitslosen. Die hier durch die Präferenz der Unternehmen für Beschäftigte aufgeworfene Perspektive stellt dagegen diese Steuerungsfunktion in Frage: Wenn Beschäftigte bei der Einstellung bevorzugt werden, bedeutet eine Erhöhung der Arbeitslosenzahlen nur, daß für einige Stellen die Bewerberschlange im hinteren Teil länger wird, nicht dagegen, daß sich die Aussichten von beschäftigten Bewerbern verschlechtern. Damit wird die ge-

---

[68] Vgl. Schlicht (1978), Salop (1979).

samte Anpassungslogik der Effizienzlohntheorie zweifelhaft, und es fragt sich, wodurch die Lohnentwicklung überhaupt stabilisiert werden kann.[69]

Um einer solchen Frage nachzugehen, bedarf es offenbar der genaueren Formulierung und Modellierung der angesprochenen Zusammenhänge. In der Literatur finden sich bereits vereinzelte Hinweise:

Schlicht (1995) argumentiert, daß im Konjunkturzusammenhang stärker als die Arbeitslosenzahl selbst ihre Veränderung pro Periode die Lohnentwicklung beeinflußt. Längerfristig wird die Lohnkontrolle durch die wettbewerbsfähigen Arbeitslosen ausgeübt. Da deren Zahl durch Entwertung ihres Humankapitals ständig zur Abnahme tendiert, müssen zur anhaltenden Stabilisierung der Lohnentwicklung ständig zusätzliche wettbewerbsfähige Arbeitslose produziert werden. Dies geschieht durch Nachfragerestriktionen und darauffolgende Entlassungen. Insgesamt ergibt sich auf diese Weise eine Tendenz zur "Stagflation".

Bereits in Phelps' Beitrag (Phelps (1968)) ist schon durch seine Formulierung der Lohngleichung

$$\frac{\dot{w}}{w} = \lambda m(u, v) + \left(\frac{\dot{w}}{w}\right)^e$$

der Gedanke enthalten, daß die Güternachfrage die Lohnentwicklung direkt (bzw. via Arbeitsnachfrage) beeinflußt. Wenn also die Arbeitslosigkeit als Kontrollinstrument der Löhne entfällt, besteht die Möglichkeit, daß spontane oder gesteuerte Änderungen der Güternach-

[69] Im Rahmen von Salops Modell (Salop (1979)) würde sich der Lohndruck zwar auch dann stabilisieren, wenn man von der hier vorgeschlagenen Hypothese ausgehen würde. Dies liegt jedoch an den nominal festen Einarbeitungskosten, die Salop voraussetzt. Im Modell von Schlicht (1978), wo die Kosten der Einarbeitung real modelliert sind, würde sich Lohndruck nach oben nicht abbauen. Für eine Betrachtung realer Einarbeitungskosten spricht beispielsweise, daß die Einarbeitung der Neueingestellten durch die erfahrenen Beschäftigten erfolgt, daher die unmittelbar produktive Arbeitszeit letzterer verkürzt wird. Aber auch allgemein scheint es aus der Perspektive der Isolationsproblematik heraus fragwürdig, die Analyse eines Effizienzlohnmodells an festen nominalen Kosten "aufzuhängen".

frage die Lohnbewegung stabilisieren. In Kapitel 4 soll diese Idee mit der dort vorgestellten Arbeitsmarkttheorie aufgegriffen werden.

3.5 Zusammenfassung und Ausblick

Es wurde anhand von Phelps' grundlegendem Beitrag gezeigt, daß die Effizienzlohntheorie grundsätzlich in umfassende ökonomische Prozesse eingebettet werden kann, insbesondere durch Anpassungsvorgänge im Gütermarkt ergänzt werden kann. Auf diese Weise lassen sich die in Kapitel 2 festgestellten unzulässigen Isolationen vermeiden.

Gleichzeitig wurde deutlich, daß ein durch Effizienzlohnsetzung gekennzeichneter Arbeitsmarkt im gesamtwirtschaftlichen Kontext ein Stabilitätsproblem darstellen kann. Auch wenn man eine Kontrollfunktion der Zahl der Arbeitslosen hinsichtlich der Lohnentwicklung unterstellt, ergibt sich aufgrund der i. a. nicht parallelen Gütermarktdynamik durch Marktkräfte keineswegs eine Anpassung an die gleichgewichtige Arbeitslosenquote, d. h. an stabile Löhne.

Schließlich läßt sich die Kontrollfunktion der Arbeitslosen selber in Frage stellen: Es wurde gezeigt, daß diese Funktion auf der Annahme beruht, daß nach der Besetzung einer Stelle allenfalls spezifische, jedoch keine allgemeinen Fähigkeiten aufgebaut werden. Bezüglich einer Änderung dieser Annahme ist die Folgerung einer Stabilisierung der Löhne durch die Arbeitslosen i. a. jedoch nicht robust.

Aus der Kritik an der etablierten Effizienzlohntheorie wurde deutlich, daß der Einfluß der Güternachfrage auf die Lohndynamik genauer zu beleuchten ist. Insbesondere ist zu untersuchen, in welchem Maße bei fehlender Kontrolle der Löhne durch die Arbeitslosen stabilisierende Eingriffe (etwa durch Nachfragesteuerung) nötig sind und wie dies im Zusammenhang mit der Entwicklung der Arbeitslosigkeit zu sehen ist.

3.6 Anhang

Hilfssatz 3.1 *Mit J_ε sei die Matrix*

$$\begin{pmatrix} 0 & \mu a & \mu b \\ 0 & c & d \\ \varepsilon & \varepsilon a & \varepsilon b \end{pmatrix}$$

bezeichnet, wobei

$$\varepsilon \geq 0, \mu > 0, b < 0, c < 0, bc - ad > 0.$$

Dann sind für hinreichend kleines $\varepsilon > 0$ alle Eigenwerte von J_ε reell und strikt negativ.

Beweis:

Schritt 1: Durch Entwickeln nach der ersten Spalte erhält man für das charakteristische Polynom $char_\varepsilon$ von J_ε die Gleichung

$$char_\varepsilon(x) = -x^3 + (c + \varepsilon b)x^2 + (\varepsilon(ad - bc) + \varepsilon\mu b)x + \varepsilon\mu(ad - bc).$$

Schritt 2: Für $\varepsilon = 0$ hat J_0 die Eigenwerte $c < 0$ (einfach) und 0 (doppelt).

Schritt 3: Für $\varepsilon > 0$ gilt

$$\begin{aligned} char_\varepsilon(0) &= \varepsilon\mu(ad - bc) < 0, \\ \frac{dchar_\varepsilon}{dx} &= -3x^2 + 2(c + \varepsilon b)x + \varepsilon(ad - bc) + \varepsilon\mu b < 0 \text{ für } x > 0. \end{aligned}$$

J_ε hat dann also keine positiven reellen Eigenwerte.

Schritt 4: Für $\varepsilon > 0$ gilt

$$\frac{d^2 char_\varepsilon}{dx^2} = -6x + 2(c + \varepsilon b).$$

Damit hat $char_\varepsilon$ seinen Wendepunkt in $\frac{1}{3}(c+\varepsilon b) < 0$, also (zumindest für hinreichend kleines ε) ein lokales Maximum in $x = \bar{x}_\varepsilon$. Dabei liegt

$\bar{x}_\varepsilon$ zwischen 0 und dem Wendepunkt, und es gilt $\lim_{\varepsilon \to 0+} \bar{x}_\varepsilon = 0$.

Schritt 5: Zu zeigen ist für hinreichend kleines $\varepsilon > 0$, daß $char_\varepsilon(\bar{x}_\varepsilon) > 0$. Denn dann hat $char_\varepsilon$ drei strikt negative reelle Eigenwerte: Einen nahe $c > 0$ und zwei nahe 0.

Da für $\varepsilon = 0$ das lokale Maximum des charakteristischen Polynoms (an der Stelle 0) gerade den Wert 0 hat, genügt zu zeigen, daß in $\varepsilon = 0$

$$\frac{d(char_\varepsilon(\bar{x}_\varepsilon))}{d\varepsilon} > 0.$$

Da wiederum $char_\varepsilon$ in 0 eine negative Steigung hat, ist hinreichend, daß

$$\frac{d\bar{x}_\varepsilon}{d\varepsilon} < 0.$$

Aus der Bedingung erster Ordnung erhält man aber unmittelbar

$$\frac{d\bar{x}_\varepsilon}{d\varepsilon} = \frac{2b\bar{x}_\varepsilon + (ad - bc) + \mu b}{6(\bar{x}_\varepsilon - \frac{1}{3}(c + \varepsilon b))}.$$

In $\varepsilon = 0$ gilt also

$$\frac{d\bar{x}_\varepsilon}{d\varepsilon} = -\frac{(ad - bc) + \mu b}{2c}.$$

Dieser Bruch ist nach den Voraussetzungen über a, b, c, d negativ. ■

Folgerung 3.1 *Das System aus 3.3.5.1*

$$\begin{aligned} \frac{d\hat{w}^e}{dt} &= \mu\lambda m(u(N), v(\omega, N)), \\ \dot{N} &= z(u(N), v(\omega, N))L, \\ \hat{\omega} &= \varepsilon\{\lambda m(u(N), v(\omega, N)) + \hat{w}^e\} \end{aligned}$$

ist für hinreichend kleines $\varepsilon > 0$ lokal stabil.

Beweis: Zu zeigen ist, daß die Jacobimatrix des Systems von der Form wie im Hilfssatz ist. Hinreichend ist, daß für

$$\begin{aligned} a &= \lambda(m_1 u' + m_2 v_2), \\ b &= \lambda m_2 v_1, \end{aligned}$$

$$c = (z_1 u' + z_2 v_2)L,$$
$$d = z_2 v_1 L$$

gilt:

$$b < 0, c < 0, bc - ad > 0.$$

Dabei folgen $b < 0$ und $c < 0$ unmittelbar aus den Eigenschaften von m, z, u, v.

Ebenso erhält man durch elementare Umformungen

$$\frac{bc - ad}{\lambda L} = m_2 z_1 u' v_1 - m_1 z_2 u' v_1 > 0.$$

Damit ist die lokale Stabilität des Systems bewiesen. ■

Kapitel 4

Ein dynamisches Effizienzlohnmodell

4.1 Einleitung

Im folgenden Kapitel soll nun eine Theorie des Arbeitsmarktes entwickelt werden, die bezüglich der Lohnbildung auf Ideen der Effizienzlohntheorie zurückgreift. Was die von der Effizienzlohntheorie postulierte Kontrolle der Lohnentwicklung durch die Arbeitslosen angeht, wird der an dieser Funktionalität in Kapitel 3 geübten Kritik gefolgt und entsprechend das Konzept der stabilisierenden "natürlichen Arbeitslosigkeit" (oder besser: NAIRU) zurückgewiesen. Stattdessen wird permanente unfreiwillige Arbeitslosigkeit, insbesondere ihr ansteigender Trend im Zeitablauf, als Folge eines fortdauernden Stabilitätsproblems interpretiert, das — anders als im Anpassungsprozeß der konventionellen Effizienzlohntheorie — keine Tendenz hat, sich abzuschwächen. Nach der hier vorgeschlagenen Sichtweise kann es grundsätzlich unmöglich sein, daß ohne direkten Eingriff in den Lohnbildungsprozeß Lohnniveau und Beschäftigungsniveau gleichzeitig stabilisiert werden können. Erzeugt etwa stabile Beschäftigung Lohndruck nach oben, entstehen nach einiger Zeit Inflationsprobleme, die durch Drosseln der Nachfrage bekämpft werden müssen. Dadurch sinkt die Beschäftigung. Eine Verkleinerung der Wirtschaft verändert aber die Wettbewerbsposition eines einzelnen Unternehmens, Beschäftigten oder Arbeitslosen nicht. Der Prozeß setzt sich dann fort, und es kommt im Zeitablauf zu einem permanenten Anstieg der Arbeitslosigkeit.

Um noch vor der Präsentation des Modells die Intuition für diese Vorstellungen zu schärfen und um den wesentlichen Unterschied zur etablierten Theorie hinsichtlich der Funktionalität der Arbeitslosen in seiner Wirkung noch klarer zu fassen, sei zunächst das Problem der Beschäftigungsanpassung in einem Arbeitsmarkt mit Effizienzlohnsetzung beleuchtet.

4.2 Das Beschäftigungsstrukturproblem

Betrachtet sei ein typischer Anpassungsvorgang im Arbeitsmarkt: Beschäftigte scheiden aus dem Berufsleben aus (etwa aus Altersgründen) und müssen ersetzt werden. Dieser Art der Fluktuation wurde in der theoretischen Literatur — mit Ausnahme der Matchingtheorie — bisher wenig Beachtung geschenkt. Hat der Lohn im Arbeitsmarkt alleine die Funktion eines Knappheitsindikators, ist auch klar, warum diese Anpassung uninteressant ist: Ändern sich die Marktbedingungen nicht und waren die Löhne bereits vorher an die Marktbedingungen angepaßt, so besteht kein Veränderungsdruck auf die Löhne und Preise und alle Unternehmen werden gerade in dem Umfang ihre Belegschaft durch Neueinstellungen aus dem Pool der Nichtbeschäftigten ergänzen, wie Mitarbeiter ausgeschieden sind. Der (Real-)Lohn koordiniert die Einstellungsentscheidungen auf eine effiziente Weise.[1]

Anders ist es, wenn der Lohn die Qualität der Arbeit beeinflußt: Falls durch Löhne ein *moral hazard* der Beschäftigten bekämpft oder deren Arbeitsmoral gesichert werden soll, ist die Koordinierung der Einstellungsentscheidungen durch den Marktlohn in Frage gestellt.[2]

---

[1]Falls Veränderungsdruck im Markt entsteht, kann dieser unter Umständen allein durch entsprechende Anpassung der Zahl der Einstellungen aufgefangen werden.

[2]Ähnliches gilt für den *adverse selection* Fall, da auch dann die Mengenanpassung eines Unternehmens durch Abweichen vom Marktlohn zur Attraktion hochwertiger Bewerber gestört werden kann.

Es fragt sich nun, ob allein durch eine derart von Knappheitsbedingungen abgekoppelte Lohnsetzung die Fluktuation ernsthaft behindert werden kann, etwa dadurch, daß ein *Beschäftigungsstrukturproblem* entsteht: Es werden weniger neue Arbeitskräfte aus dem Pool der Nichtbeschäftigten eingestellt, als Beschäftigte aus dem Berufsleben ausscheiden. Dies ist nicht ohne weiteres klar: Reagieren etwa alle Preise sehr flexibel auf eine Veränderung der Löhne im Zuge der Effizienzlohnsetzung, so bleibt der Reallohn bei stabilen sonstigen Marktbedingungen selbst stabil und kann die Einstellungsentscheidungen letztlich doch koordinieren.[3] Das Beschäftigungsstrukturproblem wird vollständig durch ein Inflationsproblem ersetzt. Reagieren die Preise weniger flexibel, verändert sich der Reallohn in dieselbe Richtung wie der Geldlohn und es kann zu einer Kombination von Beschäftigungsstruktur- und Inflationsproblem kommen.

Es handelt sich hier um dieselbe Fallunterscheidung, die schon in Kap. 3.3 bei der Diskussion von Phelps' Modell gemacht wurde. Wichtig ist nun, daß gemäß den Argumenten der herkömmlichen Effizienzlohntheorie die Anpassung an die "natürliche Arbeitslosenquote" das Beschäftigungsstruktur- bzw. Inflationsproblem abschwächt und schließlich eliminiert: Im Falle träger (oder ganz ausbleibender) Preisanpassung führt die unvollständige Ersetzung ausgeschiedener Mitarbeiter (bei konstanter Erwerbsbevölkerung und konstantem Arbeitsangebot) zur Erhöhung der Arbeitslosigkeit und schließlich zu stabilen Löhnen bei stabiler natürlicher Arbeitslosigkeit. Falls durch flexible Preisanpassung ein reines Inflationsproblem entsteht, kann auch dieses durch Drosselung der Güternachfrage auf ein Niveau, das die natürliche Arbeitslosigkeit stützt, bekämpft werden.[4] Wichtig ist, daß eine natürliche Arbeitslosenquote als die eindeutige Quote, die mit Lohninflations- und Beschäftigungsstabilität vereinbar ist, exi-

[3] In diesem Fall wäre der Geldlohn wieder als *numéraire* aufzufassen, vgl. auch Kap. 2.3.2.

[4] Diese beiden Anpassungsmechanismen entsprechen den in Kapitel 3.3.5 im Rahmen von Phelps' Modell vorgeschlagenen.

stiert. Diese Definition entspricht der gleichgewichtigen stationären Arbeitslosenquote in Phelps (1968)[5], ist jedoch begrifflich nicht ganz identisch mit der gleichgewichtigen Arbeitslosigkeit in herkömmlichen Effizienzlohnmodellen. Dort wird die (kurzfristige) Anpassung der Beschäftigung an ein stationäres Niveau als abgeschlossen vorausgesetzt, d. h. die Stabilität der Beschäftigung ist dort unmittelbar an die Lohnstabilität gekoppelt.

Die genannte Tendenz zur Abschwächung des Beschäftigungsstruktur- und des Inflationsproblems ist nun fraglich, wenn eine Kontrolle der Lohnbewegung durch die Arbeitslosigkeit nicht stattfindet. Eine anhaltend hohe Güternachfrage — sei es infolge von Marktprozessen oder von Eingriffen — führt zu Lohndruck und Inflation *unabhängig* vom Umfang der Arbeitslosigkeit. Stabilisierungspolitik im herkömmlichen Sinne kann dann ein permanentes Beschäftigungsstrukturproblem induzieren. Diese Zusammenhänge werden im folgenden Modell herausgearbeitet.

4.3 Das Modell

In einer Volkswirtschaft gebe es k gleichartige Unternehmen (k groß) mit einheitlichen Jobs. Alle Arbeitskräfte sind von Natur aus gleich.

Die Arbeitskräfte erwerben im Berufsleben produktive Fähigkeiten.

Ein Beschäftigter, der schon in der Vorperiode beschäftigt war, hat eine Produktivität von β.

Ein Beschäftigter, der in der Vorperiode arbeitslos war, hat in der ersten Periode eine Produktivität von γ, eine Periode später dann eine Produktivität von β.

"Produktivität" ist so zu verstehen, daß ein Arbeiter, der schon in der Vorperiode gearbeitet hat, soviel leistet wie $\frac{\beta}{\gamma}$ neu aus dem Arbeitslosenpool rekrutierte Mitarbeiter.

[5] S. Kap. 3.3.5.

Es gelte $\beta > \gamma$. Dies kann so interpretiert werden, daß eine Arbeitskraft allgemeines, perfekt transferierbares Humankapital dadurch erwirbt und behält, daß sie am Produktionsprozeß teilnimmt.[6] Von spezifischem Humankapital wird hier aus Gründen der Einfachheit ganz abgesehen.[7]

Ohne Beschränkung der Allgemeinheit sei $\beta = 1$.

Die oben angedeutete perfekte Substituierbarkeit sei in folgender Weise eingeschränkt: Falls ein Unternehmen nicht einen hinreichend großen Anteil an eingearbeiteten Mitarbeitern hat, haben alle neuen Mitarbeiter die Produktivität Null und erwerben auch keinen Produktivitätszuwachs. Diese Annahme soll ausschließen, daß ein Unternehmen seine gesamte Belegschaft entläßt, um zu niedrigen Löhnen Arbeitslose einzustellen. Hinter der Annahme steht die Vorstellung, daß die Einarbeitung der neuen Mitarbeiter durch die qualifizierten Beschäftigten eines Unternehmens geschieht und anders auch nicht möglich ist. Die Substitutionsrate $\frac{\beta}{\gamma}$ ist also lokal zu verstehen in dem Sinne, daß sie für Konstellationen gilt, bei denen der Anteil der neuen Mitarbeiter annähernd dem der früheren Mitarbeiter, die aus dem Unternehmen wegen Alters, Arbeitsunfähigkeit o. ä. ausgeschieden sind, entspricht.

Der skizzierte Prozeß des Produktivitätsaufbaus bei vorher arbeitslosen neuen Mitarbeitern begründet auch ein Argument gegen Marktzugang und rechtfertigt in gewissem Maße die hier getroffene Annahme einer festen Zahl von Unternehmen.

Bezüglich der Produktionstechnologie eines Unternehmens sei angenommen, daß sie durch fixe Koeffizienten charakterisiert ist. An-

---

[6]Es wird also implizit unterstellt, daß ein Beschäftigter, der arbeitslos wird, sein gesamtes Humankapital (sein Produktivitätsdifferential $\beta - \gamma$) verliert. Ströme von der Beschäftigung in die Arbeitslosigkeit kommen im folgenden Modell allerdings gar nicht vor.

[7]Dies ist als Vereinfachung der Annahme gemeint, daß die mangelnde allgemeine Trainierbarkeit eines arbeitslosen Bewerbers einen Rückstand gegenüber einem beschäftigten Bewerber bedeutet, der weitaus größer ist als der Rückstand des letzteren gegenüber einem in die spezifischen Verhältnisse der Stelle eingearbeiteten Beschäftigten.

nahmegemäß gibt es Überkapazitäten, so daß die Unternehmen gerade soviel produzieren, wie nachgefragt wird.[8]

In jedem Unternehmen i gibt es eine einheitliche Entlohnung w_i ("wages attached to jobs", vgl. die Diskussion in Kapitel 3.4.1).

4.3.1 Fluktuation von eingearbeiteten Kräften

Es wird von einer zahlenmäßig konstanten Bevölkerung ausgegangen: Für die den Arbeitsmarkt verlassenden Arbeitskräfte tritt eine gleichgroße Anzahl von Nachwuchs in den Arbeitsmarkt ein. Alle Arbeitskräfte haben den Reservationslohn Null.[9]

Ein Unternehmen i verliert in jeder Periode einen Teil seiner Arbeitskräfte: Einige scheiden aus dem Arbeitsleben aus. Andere wechseln zu einem konkurrierenden Unternehmen. Bezüglich der ersten Gruppe sei angenommen, daß ihre Anzahl in jeder Periode einen festen Anteil λ der Belegschaft ausmacht. Die Zahl der Mitarbeiter, die von Unternehmen i zu einem anderen Unternehmen wechseln, hängt von drei Größen ab:

1. Von der relativen Entlohnung $\omega_i = \frac{w_i}{W}$, die Unternehmen i bietet, wobei W ein für Unternehmen i und seine Beschäftigten identischer Referenzlohn ist. Zunächst sei angenommen, daß es sich dabei um den Durchschnittslohn der jeweils vorhergehenden Periode handelt.

2. Von der Anzahl der Beschäftigten N in der Volkswirtschaft (der Anzahl potentieller Mitkonkurrenten um Jobwechsel).

3. Vom Gesamtumfang der Nachfrage nach Arbeit in Effizienzeinheiten E^D (und damit vom Umfang an Alternativen für Jobwechsler).

---

[8]Die spezielle Art dieser Annahmen ist, auch wenn diese für die kurzfristige Analyse durchaus realistisch sind, für das Modell nicht wesentlich. Es geht allein darum, daß auf dem Gütermarkt kein angebotsbeschränktes Gleichgewicht besteht, der Umfang der Produktion also durch (marginale) Nachfragesteuerung unmittelbar manipuliert werden kann.

[9]Entsprechend werden im folgenden Modell nur nichtnegative Löhne betrachtet.

Wenn man von Skaleneffekten absieht, läßt sich die Zahl der Unternehmen i in Richtung eines anderen Unternehmens verlassenden Arbeitskräfte als

$$\tau\left(\omega_i, \frac{E^D}{N}\right) N_i$$

modellieren, wobei N_i die Anzahl der in Unternehmen i beschäftigten Mitarbeiter ist. Mit τ wird also der Anteil der zu einem anderen Unternehmen wechselnden Beschäftigten an der Gesamtbelegschaft bezeichnet. Insgesamt sind es also $(\tau + \lambda)N_i$ Mitarbeiter, die Unternehmen i verlassen.

Die "Nachfrageintensität" $\frac{E^D}{N}$ sei im folgenden durch

$$e = \frac{E^D}{N}$$

abgekürzt.

Hinsichtlich der Fluktuationsquote τ werden die folgenden Annahmen getroffen:

$$\tau \equiv 0 \text{ für } e \leq 1 - \lambda, \tag{4.1}$$

und für $e > 1 - \lambda$

$$\text{ex. } \omega_{min}(e) < 1 : \tau(\omega_i, e) = 1 - \lambda, \text{ falls } \omega_i \leq \omega_{min}(e), \tag{4.2}$$

$$\lim_{\omega \to \infty} \tau(\omega, e) = 0. \tag{4.3}$$

Dabei bedeutet (4.1), daß keine Fluktuation stattfindet, wenn die aus der Vorperiode übriggebliebenen Beschäftigten bereits den Bedarf an Arbeitskräften decken bzw. übertreffen. Annahme (4.2) besagt, daß alle Beschäftigten eines Unternehmens dieses verlassen, wenn der gezahlte Relativlohn eine untere Grenze unterschreitet. Ist dagegen der Relativlohn hinreichend groß, kann ein Unternehmen Abgänge zu Konkurrenten fast vollständig unterdrücken (Annahme (4.3)).

Ferner sei hinsichtlich der Ableitungen von τ angenommen, daß für $e > 1 - \lambda$

$$\begin{aligned}
\tau_1 &< 0, && (4.4)\\
\tau_{11} &> 0, && (4.5)\\
\tau_2 &> 0, && (4.6)\\
\tau_{12} &< 0 \text{ für } \omega > \omega_{min}(e), && (4.7)\\
\frac{\omega_i \tau_{11}}{\tau_1} &< -2, && (4.8)\\
\lim_{\omega_i \to \omega_{min}(e)} \omega_i \tau_1(\omega_i, e) &= -\infty, && (4.9)\\
\lim_{\omega_i \to \infty} \omega_i \tau_1(\omega_i, e) &= 0. && (4.10)
\end{aligned}$$

Bedingungen (4.4) und (4.5) beschreiben wie in der herkömmlichen Fluktuationskostentheorie[10] die positiven, aber abnehmenden Erträge firmenspezifischer Lohnsetzung. Bedingungen (4.6) und (4.7) charakterisieren den ebenfalls aus der etablierten Theorie bekannten Effekt, daß Arbeitsmarktbedingungen, die sich für die Beschäftigten verschlechtern, die Relativlöhne von der Qualitätssicherung teilweise entlasten.

Hier gehört allerdings die Zahl der Arbeitslosen nicht zu den für diese Entlastungsfunktion relevanten Marktbedingungen: Arbeitslose sind nicht in der Lage, mit den Beschäftigten um freie Stellen zu konkurrieren. Stattdessen wird die Nachfrageintensität e im Markt der Jobwechsler neben dem jeweiligen relativen Lohn als entscheidende Einflußgröße der Fluktuationsrate angesehen.

Bedingung (4.8) geht noch über (4.4) und (4.5) hinaus und sichert, daß die Fluktuationsfunktion hinreichend gekrümmt ist.[11] Die Bedingungen (4.9) und (4.10) beschreiben Eigenschaften der Fluktuationsfunktion im Randbereich des Lohnspektrums und dienen in erster Linie der Vereinfachung der Analyse.[12]

[10] Vgl. Schlicht (1978) und Salop (1979).

[11] Bedingung (4.8) ist wichtig für die Bedingung zweiter Ordnung im weiter unten diskutierten Optimierungsproblem des Unternehmens.

[12] Es kann gezeigt werden, daß (4.10) aus den anderen Bedingungen folgt.

4.3.2 Das Entscheidungsproblem des Unternehmens

Der von Unternehmen i geplante Arbeitseinsatz in Effizienzeinheiten E_i^D ist durch den geplanten Absatz der Produkte von Unternehmen i für das hier betrachtete Entscheidungsproblem vorgegeben. (Auch wenn es an dieser Stelle noch nicht notwendig ist, ist es zweckmäßig, E_i^D als optimale Reaktion von Unternehmen i auf die Verhältnisse im Gütermarkt anzusehen.) Für Unternehmen i geht es darum, die Struktur seiner Belegschaft so zu gestalten, daß die für den geplanten Arbeitseinsatz aufzuwendende Lohnsumme minimal ist.

Entscheidungsgrößen sind für Unternehmen i die Anzahl T_i der neueingestellten Nichtqualifizierten (vorher Arbeitslosen), die Anzahl Q_i der neueingestellten Qualifizierten (vorher Beschäftigten) und die relative Entlohnung ω_i. Dabei unterliegt es folgenden Nebenbedingungen:

1. Die Zahl der neueingestellten Nichtqualifizierten ist nichtnegativ und durch die Zahl U_i der für Unternehmen i verfügbaren Nichtqualifizierten beschränkt.

2. Die Zahl der neueingestellten Qualifizierten ist nichtnegativ und durch die Zahl $\bar{Q}_i$ der für Unternehmen i aufgrund der Jobwechselaktivitäten im Markt verfügbaren Qualifizierten beschränkt.[13]

3. Der Anteil der Nichtqualifizierten an der Belegschaft beträgt höchstens δ. Andernfalls wäre die Belegschaft unproduktiv (s. 4.3 oben). Dabei sei allerdings $\delta > \lambda$, d. h. aus Produktivitätsgesichtspunkten besteht prinzipiell die Möglichkeit zur Beschäftigungsausweitung. Ferner sei vorausgesetzt, daß $\delta < \frac{1}{2}$.

4. Der gesamte Arbeitseinsatz in Effizienzeinheiten entspricht dem geplanten.

Im folgenden wird davon ausgegangen, daß die Obergrenze U_i der verfügbaren Arbeitslosen für Unternehmen i nicht bindend ist. Das Interesse wird also auf den Fall konzentriert, daß der Arbeitsmarkt

[13] Zur Vereinfachung wird angenommen, daß $\bar{Q}_i$ durch die relative Entlohnung von Unternehmen i nicht beeinflußt wird.

nicht geräumt ist.

Das Kostenminimierungsproblem von Unternehmen i läßt sich dann wie folgt formalisieren:

$$\min_{\omega_i, T_i, Q_i} \omega_i W(T_i + Q_i + (1 - \lambda - \tau(\omega_i, e))N_i) \tag{4.11}$$

unter den Nebenbedingungen

$$\begin{aligned} T_i &\geq 0, & (4.12)\\ 0 &\leq Q_i \leq \bar{Q}_i, & (4.13)\\ T_i &\leq \frac{\delta}{1-\delta}(Q_i + (1 - \lambda - \tau(\omega_i, e))N_i), & (4.14)\\ E_i^D &= \gamma T_i + Q_i + (1 - \lambda - \tau(\omega_i, e))N_i. & (4.15) \end{aligned}$$

Dieses Optimierungsproblem soll jetzt analysiert werden. Es wird gezeigt, daß für ein bestimmtes Intervall von Nachfrageniveaus E_i^D eine eindeutige Lösung des Problems existiert. Der Beweis erfolgt in mehreren Schritten.

Satz 4.1 *Für $e > 1 - \lambda$ und*

$$\begin{aligned} max\left\{\bar{Q}_i, (1-\gamma)(\bar{Q}_i + (1-\lambda)N_i)\right\} &< E_i^D \\ &< \left(\gamma\frac{\delta}{1-\delta} + 1\right)(\bar{Q}_i + (1-\lambda)N_i) \end{aligned}$$

hat das Optimierungsproblem (4.11)-(4.15) eine eindeutige Lösung.

Beweis:

Schritt 1: Es ist für Unternehmen i nicht optimal, $Q_i < \bar{Q}_i$ zu wählen (d. h. nicht alle verfügbaren qualifizierten Bewerber einzustellen).

Denn falls $Q_i < \bar{Q}_i$ optimal ist, werden keine Nichtqualifizierten eingestellt. (Sonst könnte man einige Nichtqualifizierte durch Qualifizierte ersetzen.) Damit der geplante Arbeitseinsatz in Effizienzeinheiten E_i^D erreicht wird, müssen wegen $Q_i < E_i^D$ Mitglieder der alten

Belegschaft gehalten werden. Dann kann aber $Q_i < \bar{Q}_i$ nicht optimal sein: Es wäre kostengünstiger, den Relativlohn etwas zu senken, und die deshalb zusätzlich ausscheidenden Mitarbeiter durch zusätzliche qualifizierte Bewerber zu ersetzen.

Schritt 2: Jetzt soll das Kostenminimierungsproblem in mehreren Unterschritten analysiert werden, wobei allerdings zunächst nur die Nebenbedingung (4.15) beachtet werden soll. (Die Nebenbedingungen bzgl. T_i werden also zunächst zurückgestellt.)

Dies führt auf die äquivalente Formulierung

$$\min_{\omega_i} \omega_i W(E_i^D - (1-\gamma)(\bar{Q}_i + (1-\lambda-\tau(\omega_i, e))N_i)). \tag{4.16}$$

Schritt 2.1: Die Bedingung erster Ordnung lautet

$$(1-\gamma)(1-\lambda-\tau-\omega_i\tau_1)N_i = E_i^D - (1-\gamma)\bar{Q}_i. \tag{4.17}$$

Die linke Seite (LS) der letzten Gleichung fällt in ω_i (nach (4.8)) mit

$$\begin{aligned} \lim_{\omega_i \to \omega_{min}(e)} LS &= \infty, \\ \lim_{\omega_i \to \infty} LS &= (1-\gamma)(1-\lambda)N_i. \end{aligned}$$

Wegen $(1-\gamma)(1-\lambda)N_i < E_i^D - (1-\gamma)\bar{Q}_i$ gibt es daher einen eindeutigen Schnittpunkt $\hat{\omega}_i$ von LS und RS(=rechte Seite von (4.17)). Dort liegt tatsächlich ein Kostenminimum vor. (LS schneidet RS von oben.)

Schritt 2.2: Komparative Statik des reduzierten Problems.

Aus den Überlegungen in Schritt 3.1 ergibt sich unmittelbar

$$\begin{aligned} \frac{\partial \hat{\omega}_i}{\partial N_i} &> 0, \\ \frac{\partial \hat{\omega}_i}{\partial E_i^D} &< 0. \end{aligned}$$

Die erste Folgerung ist einleuchtend: Je größer die alte Belegschaft ist, desto lohnender ist es, durch einen höheren Lohn einen zusätzlichen Teil der alten Belegschaft zu halten. Die zweite Folgerung ist eher überraschend: Je größer der geplante Arbeitseinsatz in Effizienzeinheiten, desto geringer der optimale Relativlohn. Der Grund dafür ist, daß ein höherer Arbeitseinsatz den Bedarf an nichtqualifizierten neuen Mitarbeitern erhöht. Dies steigert die "Fixkosten" einer Erhöhung des Relativlohnes, sodaß Unternehmen i den Relativlohn senkt. Dieser Effekt sei im folgenden als "Lohnlisteneffekt" bezeichnet.

Für die optimale Zahl $\hat{T}_i$ der Neueinstellungen im reduzierten Problem gilt

$$\hat{T}_i = \frac{1}{\gamma}(E_i^D - (\bar{Q}_i + (1 - \lambda - \tau(\hat{\omega}_i, e))N_i)),$$

also

$$\frac{\partial \hat{T}_i}{\partial E_i^D} = \frac{1}{\gamma}\left(1 + \tau_1 \frac{\partial \hat{\omega}_i}{\partial E_i^D}\right) > \frac{1}{\gamma}.$$

Bei einer Erhöhung des geplanten Arbeitseinsatzes um ΔE_i^D erhöht sich die Zahl der neueingestellten Nichtqualifizierten um mehr als $\frac{\Delta E_i^D}{\gamma}$: Aufgrund des Lohnlisteneffektes erfolgt eine Verringerung der Anzahl der qualifizierten Mitarbeiter.

Schritt 3: Randlösungen des ursprünglichen Problems.

Schritt 3.1: Randlösungen mit $T_i = 0$.

Angenommen, es gibt im reduzierten Problem ein E_{i1}^D, das innerhalb des im Satz angegebenen Intervalls liegt, mit $\hat{T}_i = 0$. Da $\hat{T}_i$ in E_i^D steigt, ist für alle $E_i^D < E_{i1}^D$, die auch noch im Intervall liegen, die Bedingung $T_i = 0$ bindend. Kostenminimierend ist dann also das kleinste $\omega_i = \omega_i^0$, für das gerade so viele Mitarbeiter gehalten werden können, daß ohne Einstellung von Nichtqualifizierten der geplante Arbeitseinsatz in Effizienzeinheiten erreicht wird:

$$E_i^D = \bar{Q}_i + (1 - \lambda - \tau(\omega_i^0, e))N_i.$$

Wegen

$$\bar{Q}_i < E_i^D < E_{i1}^D = \bar{Q}_i + (1 - \lambda - \tau(\hat{\omega}_i^1, e))N_i,$$

wobei $\hat{\omega}_i^1$ der optimale Relativlohn bezüglich E_{i1}^D ist, gibt es tatsächlich ein eindeutiges ω_i^0, das diese Gleichung erfüllt. Zu beachten ist, daß ω_i^0 in E_i^D steigt.

Schritt 3.2: Randlösungen mit $T_i = \frac{\delta}{1-\delta}(\bar{Q}_i + (1 - \lambda - \tau)N_i)$:

Angenommen, es gibt im reduzierten Problem ein E_{i2}^D, das innerhalb des im Satz angegebenen Intervalls liegt, mit optimalem Relativlohn $\hat{\omega}_i^2$ und

$$\hat{T}_i = \frac{\delta}{1-\delta}(\bar{Q}_i + (1 - \lambda - \tau(\hat{\omega}_i^2, e))N_i).$$

Da $\hat{T}_i$ in E_i^D steigt, $\hat{\omega}_i$ und damit auch $(1-\lambda-\tau(\hat{\omega}_i, e))N_i$ in E_i^D fallen, ist für alle $E_i^D > E_{i2}^D$, die auch noch im Intervall liegen, die Bedingung $T_i = \frac{\delta}{1-\delta}(\bar{Q}_i + (1 - \lambda - \tau(\omega_i, e))N_i)$ bindend. Kostenminimierend ist (analog zum Fall oben) das kleinste $\omega_i = \omega_i^1$, für das gerade soviele Mitarbeiter gehalten werden können, daß nach der Einstellung von Nichtqualifizierten zur Erreichung des geplanten Arbeitseinsatzes (in Effizienzeinheiten) diese gerade den Anteil δ der neuen Belegschaft ausmachen:

$$E_i^D = \left(\gamma\frac{\delta}{1-\delta} + 1\right)(\bar{Q}_i + (1 - \lambda - \tau(\omega_i^1, e))N_i).$$

Da nach Voraussetzung

$$E_{i2}^D = \left(\gamma\frac{\delta}{1-\delta} + 1\right)(\bar{Q}_i + (1 - \lambda - \tau(\hat{\omega}_i^2, e))N_i) < E_i^D$$
$$< \left(\gamma\frac{\delta}{1-\delta} + 1\right)(\bar{Q}_i + (1 - \lambda)N_i),$$

gibt es ein eindeutiges ω_i^1, das diese Gleichung erfüllt. Auch hier gilt, daß ω_i^1 in E_i^D steigt.

Damit ist der Satz bewiesen. ■

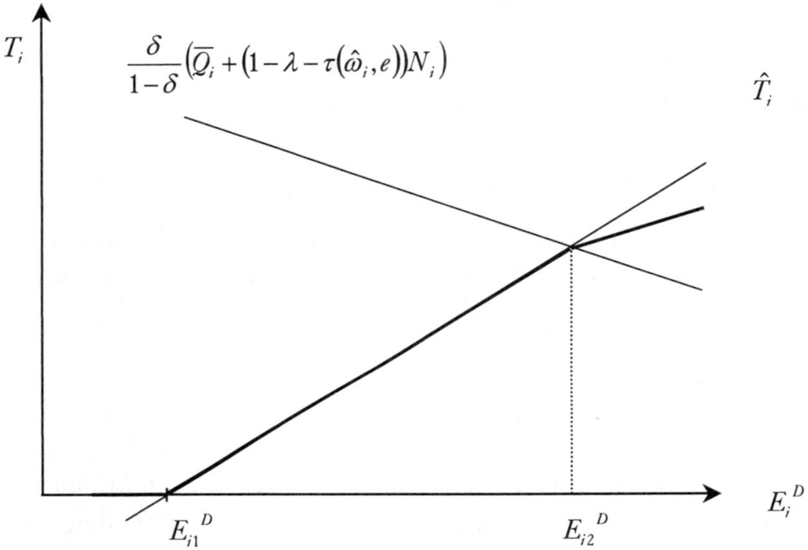

Abbildung 4.1: Optimale Anzahl von nichtqualifizierten Mitarbeitern

Aus dem Beweis wurde klar, daß es bei einer *ceteris paribus* Variation des geplanten Arbeitseinsatzes (in Effizienzeinheiten) von niedrigem Einsatz (untere Intervallgrenze) zu hohem Einsatz (obere Intervallgrenze) maximal drei mögliche Regime gibt:

1. Bei niedrigem geplanten Arbeitseinsatz werden keine nichtqualifizierten Bewerber eingestellt. Der optimale Relativlohn steigt dann im geplanten Arbeitseinsatz.

2. Bei mittlerem geplanten Arbeitseinsatz werden nichtqualifizierte Bewerber in einem derartigen Umfang eingestellt, daß ihr Anteil an der neuen Belegschaft kleiner als δ ist. In diesem Bereich fällt der optimale Relativlohn mit dem geplanten Arbeitseinsatz.

3. Bei hohem geplanten Arbeitseinsatz werden nichtqualifizierte Bewerber in einem derartigen Umfang eingestellt, daß ihr Anteil an der neuen Belegschaft gerade gleich δ ist. In diesem Bereich steigt

der optimale Relativlohn mit dem geplanten Arbeitseinsatz.

Diese Zusammenhänge gelten für ein einzelnes Unternehmen bei exogener Marktlage. Im nächsten Abschnitt wird untersucht, wie sich diese Entscheidungen in Marktprozesse übersetzen.

4.3.3 Das kurzfristige Gleichgewicht

Da alle Unternehmen identisch sind, soll davon ausgegangen werden, daß sich der Arbeitskräftebestand, der Zustrom an qualifizierten Bewerbern sowie die gesamte Arbeitsnachfrage in Effizienzeinheiten gleichmäßig auf die Unternehmen verteilen:

$$N_i = \frac{N}{k}, \bar{Q}_i = \frac{\bar{Q}}{k}, E_i^D = \frac{E^D}{k}.$$

Dabei ist $\bar{Q}$ die Gesamtzahl aller qualifizierten Bewerber.

Ein kurzfristiges (Fluß-)Gleichgewicht liegt nun vor, wenn die Anzahl der qualifizierten Bewerber eines Unternehmens mit der Anzahl der Abgänge in Richtung anderer Unternehmen übereinstimmt:

$$\bar{Q}_i = \tau(\omega_i, e)N_i \text{ für alle } i. \tag{4.18}$$

Dies läßt sich als Markträumungsbedingung des Strommarktes der Jobwechsler interpretieren. Der (potentielle) Anpassungsmechanismus besteht darin, daß die Unternehmen ihren Relativlohn solange korrigieren (entsprechend dem im vorangehenden Abschnitt vorgestellten Kalkül), bis die Zahl der qualifizierten Bewerber keine Änderungstendenz mehr aufweist. Da die Zahl der qualifizierten Bewerber vom jeweiligen Unternehmen leicht beobachtet werden kann, ist es sinnvoll, diese Anpassung als kurzfristig zu betrachten (etwa relativ zur allgemeinen Lohn- und Beschäftigungsanpassung, vgl. den nachfolgenden Abschnitt 4.4. Für eine theoretische Grundlegung dieses Arguments vgl. Kapitel 2.6.2).

Es ist jetzt zu untersuchen, ob die Unternehmen ihre Lohn- und Einstellungsentscheidungen so vornehmen, daß sich kurzfristig tatsächlich ein Flußgleichgewicht ergibt.

Satz 4.2 *Für* $1-\lambda < e < \left(\gamma\frac{\delta}{1-\delta}+1\right)(1-\lambda)$ *existiert ein eindeutiges Flußgleichgewicht, das mit den optimalen Entscheidungen der Unternehmen konsistent ist. Dieses Flußgleichgewicht ist dadurch gekennzeichnet, daß alle Unternehmen strikt positive Löhne zahlen, Arbeitslose einstellen, und der Anteil der eingestellten vorher Arbeitslosen an der neuen Belegschaft jeweils kleiner als* δ *ist.*

Beweis:

Wird ein Flußgleichgewicht durch eine innere Lösung des Optimierungsproblems gestützt, so gilt für das optimale ω^* nach der Bedingung erster Ordnung (4.17)

$$(1-\gamma)(1-\lambda-\omega^*\tau_1(\omega^*,e)) = e. \tag{4.19}$$

Aufgrund der Eigenschaften der Fluktuationsfunktion τ (insbesondere (4.9), (4.10)) und wegen $e > 1-\lambda$ existiert ein eindeutiges $\omega^* = \omega^*(e) > 0$, das diese Bedingung erfüllt. Zu zeigen ist noch, daß das Optimierungsproblem im Fall $\bar{Q}_i = \tau(\omega^*(e), e)N_i$ unter den im Satz gemachten Voraussetzungen tatsächlich eine innere Lösung hat.

Es genügt nun zu zeigen, daß für Unternehmen i die folgenden zwei Bedingungen erfüllt sind:

$$E_i^D > (1-\lambda)N_i, \tag{4.20}$$

$$E_i^D < \left(\gamma\frac{\delta}{1-\delta}+1\right)(1-\lambda)N_i. \tag{4.21}$$

Bei Gültigkeit von (4.20) wollen die Unternehmen für $\omega_i = \omega^*(e)$ Arbeitslose einstellen (d. h. (4.12) ist nicht bindend). Gilt (4.21), sind die Unternehmen für $\omega_i = \omega^*(e)$ bzgl. der Zahl der eingestellten Arbeitslosen nach oben nicht beschränkt (d. h. (4.14) ist nicht bindend).

Nun folgen aber (4.20) und (4.21) wegen $E_i^D = \frac{E^D}{k}$ und $N_i = \frac{N}{k}$ unmittelbar aus $1-\lambda < e < \left(\gamma\frac{\delta}{1-\delta}+1\right)(1-\lambda)$. ∎

Ergänzt wird dieser Existenzbeweis durch den Nachweis der Stabilität:

Satz 4.3 *Für* $1-\lambda < e < \left(\gamma\frac{\delta}{1-\delta}+1\right)(1-\lambda)$ *ist das Flußgleichgewicht lokal stabil.*

Beweis:

Da das Optimierungsproblem im Flußgleichgewicht eine innere Lösung hat, gilt dies auch für den Fall, daß $\bar{Q}_i$ hinreichend wenig von $\tau(\omega_i, e)N_i$ verschieden ist. Der Anpassungsprozeß von $\bar{Q}$ und ω läßt sich daher (lokal) wie folgt formulieren:

$$\begin{aligned} \dot{\bar{Q}} &= \alpha_1(\tau(\omega, e)N - \bar{Q}), \\ \dot{\omega} &= \alpha_2(\hat{\omega}_i(\bar{Q}) - \omega), \end{aligned}$$

wobei $\hat{\omega}_i(\bar{Q})$ der (für alle Unternehmen identische) optimale Relativlohn bei variablem $\bar{Q}$ (und damit variablem $\bar{Q}_i$) ist, und $\alpha_1, \alpha_2 > 0$ Anpassungsgeschwindigkeiten sind. Der stationäre Zustand des Systems ist $(\tau(\omega^*(e), e)N, \omega^*(e))$.

Die Jacobimatrix J des Systems ist gegeben durch

$$J = \begin{pmatrix} -\alpha_1 & \alpha_1\tau_1 N \\ \alpha_2\frac{d\hat{\omega}_i}{d\bar{Q}} & -\alpha_2 \end{pmatrix}.$$

Folglich

$$\begin{aligned} Spur(J) &= -\alpha_1 - \alpha_2 < 0, \\ Det(J) &= \alpha_1\alpha_2 - \alpha_1\alpha_2\tau_1 N\frac{d\hat{\omega}_i}{d\bar{Q}} > 0. \end{aligned}$$

(Die letzte Ungleichung folgt wegen $\frac{d\hat{\omega}_i}{d\bar{Q}} > 0$, vgl. den Beweis von Satz 4.1.)

Damit ist die lokale Stabilität bewiesen. ■

Es fragt sich nun, wie der gleichgewichtige Relativlohn $\omega^* = \omega^*(e)$ sich mit der Nachfrageintensität e verändert. Aus (4.19) erhält man unmittelbar

$$\frac{d\omega^*}{de} = -\frac{1 + (1-\gamma)\omega^*\tau_{12}}{(1-\gamma)(\tau_1 + \omega\tau_{11})}, \tag{4.22}$$

d. h. $\frac{d\omega^*}{de}$ und $-1-(1-\gamma)\omega^*\tau_{12}$ haben dasselbe Vorzeichen.[14] Nun gilt aber $\tau_{12} < 0$. Es ist also nicht ohne weiteres klar, welches Vorzeichen $-1-(1-\gamma)\omega^*\tau_{12}$ hat. Dies erklärt sich wie folgt: Die Eins steht für den Lohnlisteneffekt, der schon im Beweis von Satz 4.1 festgestellt wurde. Vergrößert sich der geplante Arbeitseinsatz relativ zur Belegschaftsgröße, die aus der Vorperiode übriggeblieben ist, so wirkt dieser Effekt (isoliert betrachtet) negativ auf den optimalen Relativlohn.

Gleichzeitig steigt aber durch die Erhöhung der Nachfrageintensität die Wirksamkeit einer Steigerung des Relativlohnes hinsichtlich der Reduktion der Abwanderung. Dieser zweite Effekt wirkt relativlohnsteigernd.

Im folgenden sei nun angenommen, daß der letztgenannte Effekt den Lohnlisteneffekt dominiert. Es wird vorausgesetzt, daß eine Variation der Nachfrageintensität die Reagibilität der Fluktuation hinsichtlich der Entlohnung so stark beeinflußt, daß

$$1 + (1-\gamma)\omega^*\tau_{12} < 0, \tag{4.23}$$

also

$$\frac{d\omega^*}{de} > 0. \tag{4.24}$$

In diesem Falle kehrt sich der aus der Sicht eines Unternehmens negative Zusammenhang zwischen geplantem Arbeitseinsatz und Relativlohn um, sobald man zu einem typischen Unternehmen im Marktgleichgewicht übergeht.[15]

---

[14] Aus Bedingung (4.8) folgt $\tau_1 + \omega\tau_{11} > 0$.

[15] Eine derartige Unterscheidung zwischen einem einzelnen Unternehmen und einem typischen Unternehmen im Marktgleichgewicht wird in der vertragstheoretischen Arbeitsmarktliteratur meist vernachlässigt, etwa wenn bei der Herleitung eines optimalen Arbeitsvertrages die Alternativen des Beschäftigten (und deren vertragliche Struktur) als exogen angenommen werden. Vgl. auch die Fußnote in

Die Monotonieeigenschaft (4.24) entspricht dem in der Effizienzlohnliteratur einschlägigen Zusammenhang, daß der Relativlohn steigt, sobald sich die Marktverhältnisse für die Beschäftigten verbessern.

Nun soll noch untersucht werden, welche Werte ω^* annimmt, wenn die Nachfrageintensität nahe an einer der Intervallgrenzen aus Satz 4.2 liegt.

Lemma 4.1 *a) Falls $e > 1 - \lambda$ hinreichend nahe an $1 - \lambda$ ist, gilt*

$$\omega^*(e) < 1.$$

b) Es sei $|\tau_1(1, (\gamma\frac{\delta}{1-\delta} + 1)(1 - \lambda))|$ hinreichend groß. Falls $e < \left(\gamma\frac{\delta}{1-\delta} + 1\right)(1 - \lambda)$ hinreichend nahe an $\left(\gamma\frac{\delta}{1-\delta} + 1\right)(1 - \lambda)$ ist, gilt

$$\omega^*(e) > 1.$$

Was Teil b) des Lemmas angeht, so scheint es vernünftig, davon auszugehen, daß $|\tau_1(1, (\gamma\frac{\delta}{1-\delta} + 1)(1 - \lambda))|$ groß ist.[16] Für e nahe an $\left(\gamma\frac{\delta}{1-\delta} + 1\right)(1 - \lambda)$ ist nämlich ein Unternehmen hinsichtlich der Einstellung von nichtqualifizierten Arbeitnehmern beschränkt, sobald etwas mehr Arbeitnehmer das Unternehmen in Richtung der Konkurrenten verlassen als qualifizierte Bewerber eingestellt werden. Dies erhöht die Bedeutung von beschäftigten Bewerbern über ihr Produktivitätsdifferential hinaus: Zur Befriedigung der Arbeitsnachfrage darf der Nettozufluß an Qualifizierten keinesfalls nennenswert unter Null sein. Entsprechend "dicht" ist der Markt für Jobwechsler bei einer derart hohen Nachfrageintensität. Die dadurch noch besseren

---

Abschnitt 3.4.1 zu Akerlof und Katz (1989).

[16]Die Bedingung

$$-\tau_1\left(1, \left(\gamma\frac{\delta}{1-\delta} + 1\right)(1 - \lambda)\right) > \frac{\gamma}{1-\gamma}\frac{1-\lambda}{1-\delta}$$

ist hinreichend.

Aussichten für potentielle Jobwechsler, tatsächlich eine neue Stelle zu finden, rechtfertigen die Annahme, daß die Lohnreagibilität der Fluktuationsrate recht groß ist.

Beweis des Lemmas:

zu a) Die Bedingung (4.19) lautet für $e = 1 - \lambda + \varepsilon$ und $\varepsilon > 0$

$$(1-\gamma)(1-\lambda-\omega^*\tau_1(\omega^*, 1-\lambda+\varepsilon)) = 1-\lambda+\varepsilon,$$

umgeformt

$$-\omega^*\tau_1(\omega^*, 1-\lambda+\varepsilon) = \frac{\gamma(1-\lambda)+\varepsilon}{1-\gamma}.$$

Die rechte Seite der letzten Gleichung strebt für $\varepsilon \to 0$ gegen eine positive Konstante. Ist nun $\omega^*(1-\lambda+\varepsilon)$ für $\varepsilon \to 0$ durch 1 nach unten beschränkt, so strebt wegen $\tau(\cdot, 1-\lambda) \equiv 0$ die linke Seite der Gleichung gegen Null, ein Widerspruch.

zu b) Auch hier sei wieder von (4.19) ausgegangen:

$$(1-\gamma)(1-\lambda-\omega^*\tau_1(\omega^*, e)) = e.$$

Ist nun $\omega^*(e)$ für $e \to \left(\gamma\frac{\delta}{1-\delta}+1\right)(1-\lambda)$ nach oben durch 1 beschränkt, so folgt, da $\omega\tau_1(\omega, e)$ in ω steigt, daß

$$(1-\gamma)(1-\lambda-\tau_1(1,e)) \leq e, \text{ falls } e \to \left(\gamma\frac{\delta}{1-\delta}+1\right)(1-\lambda).$$

Dies widerspricht der in Aussage b) des Lemmas gemachten Annahme über τ_1. ■

Im folgenden soll jedenfalls davon ausgegangen werden, daß der gleichgewichtige optimale Relativlohn $\omega^*(e)$ folgende Eigenschaften erfüllt:

$$\frac{d\omega^*}{de} > 0 \text{ für } 1-\lambda < e < \left(\gamma\frac{\delta}{1-\delta}+1\right)(1-\lambda), \tag{4.25}$$

$$\lim_{e \to (1-\lambda)+} \omega^*(e) < 1 < \lim_{e \to \left(\gamma\frac{\delta}{1-\delta}+1\right)(1-\lambda)-} \omega^*(e). \tag{4.26}$$

4.4 Eine dynamische Arbeitsmarkttheorie

Hält man die Gesamtnachfrage nach Arbeit in Effizienzeinheiten (E^D) fest, und betrachtet man die Anpassung an ein kurzfristiges Gleichgewicht in jedem Zeitpunkt als abgeschlossen, ergeben sich aus den Lohnsetzungs- und Einstellungsentscheidungen der Unternehmen Bewegungsgleichungen des allgemeinen Lohnniveaus und der Gesamtbeschäftigung.

Im folgenden seien Beschäftigungsniveaus N betrachtet mit

$$1 - \lambda < \frac{E^D}{N} < \left(\gamma \frac{\delta}{1-\delta} + 1\right)(1 - \lambda).$$

Das allgemeine Lohnniveau W entwickelt sich dann gemäß dem durch die Relativlohnentscheidungen der einzelnen Unternehmen erzeugten Lohndruck:

$$\dot{W} = \left(\omega^* \left(\frac{E^D}{N}\right) - 1\right) W, \tag{4.27}$$

wobei $\omega^* \left(\frac{E^D}{N}\right)$ durch (4.19) gegeben ist.

Für die Entwicklung der Gesamtbeschäftigung N ist entscheidend, in welchem Maße die aus dem Berufsleben ausscheidenden Mitarbeiter durch Rekrutierungen aus dem Arbeitslosenpool ersetzt werden:

$$\dot{N} = \sum_j T_j^* - \lambda N.$$

(Mit T_i^* ist also die Anzahl der von Unternehmen i im kurzfristigen Gleichgewicht aus dem Arbeitslosenpool rekrutierten Mitarbeiter gemeint.)

Nun werden in jedem Unternehmen i immer gerade so viele Nichtqualifizierte eingestellt, wie zum Erreichen des geplanten Arbeitseinsatzes E_i^D notwendig ist. Da jedes Unternehmen i im kurzfristigen Gleichgewicht genausoviele qualifizierte Mitarbeiter einstellt, wie vorherige Mitarbeiter von Unternehmen i zu Konkurrenten gewechselt sind (vgl. 4.3.3), gilt

$$\gamma T_i^* + (1-\lambda)N_i = E_i^D,$$

insgesamt also

$$\sum_j T_j^* = \frac{1}{\gamma}(E^D - (1-\lambda)N).$$

Die Bewegungsgleichung der Gesamtbeschäftigung vereinfacht sich also durch Einsetzen der "Matchingfunktion"[17] $\sum_j T_j^*$ zu

$$\dot{N} = \frac{1}{\gamma}(E^D - ((1-\lambda) + \gamma\lambda)N). \qquad (4.28)$$

Man erkennt unmittelbar aus (4.27) und (4.28), daß zur Stabilisierung des Lohnes und zur Stabilisierung der Beschäftigung *jeweils* eine bestimmte Nachfrageintensität $\frac{E^D}{N}$ erforderlich ist. Es ist also nicht zu erwarten, daß es *eine* Nachfrageintensität gibt, die Lohn *und* Beschäftigung stabilisiert. D. h. es gibt im allgemeinen keinen stationären Zustand des Systems (4.27), (4.28).

Diese Erkenntnis, die die Kernaussage des Modells darstellt, soll mit dem folgenden Satz präzisiert und veranschaulicht werden:

Satz 4.4 *a) Es gelte*

$$\tau_1(1, (1-\lambda) + \gamma\lambda) < -\frac{\gamma}{1-\gamma}.$$

Dann ist zur Stabilisierung des Lohnes ($\dot{W} = 0$) eine geringere Nachfrageintensität (eine höhere Beschäftigung) erforderlich als zur Stabilisierung der Beschäftigung ($\dot{N} = 0$). Das System (4.27), (4.28) hat

---

[17] Es handelt sich hier natürlich inhaltlich nicht um eine Matchingfunktion, wie sie von der Matchingliteratur (s. Kapitel 2.4.3) behandelt wird. Friktionen bei der Einstellung von Arbeitslosen kommen beim hier betrachteten Jobwettbewerb ja gar nicht vor. Hier ist es für die Arbeitslosen aus einem anderen Grunde schwierig, eine Arbeitsstelle zu bekommen: Dieser liegt in der Präferenz der Unternehmen für beschäftigte Bewerber. Insbesondere ist die "Matchingfunktion" hier gar nicht von der Zahl der Arbeitslosen abhängig.

dann eine Tendenz in Richtung $\dot{N} = 0$ *und* $\hat{W} = \frac{\dot{W}}{W} = C_1 > 0$.

(D. h. es existiert N^* *mit* $1 - \lambda < \frac{E^D}{N^*} < \left(\gamma\frac{\delta}{1-\delta} + 1\right)(1-\lambda)$ *und* $\lim_{t\to\infty} N(t) = N^*$, *und es existiert* $\lim_{t\to\infty} \hat{W}(t) = C_1 > 0$.*)*

Dabei ist C_1 *von* E^D *unabhängig.*

b) Es gelte

$$\tau_1(1,(1-\lambda)+\gamma\lambda) > -\frac{\gamma}{1-\gamma}.$$

Dann ist zur Stabilisierung des Lohnes eine höhere Nachfrageintensität (eine geringere Beschäftigung) erforderlich als zur Stabilisierung der Beschäftigung. Das System (4.27), (4.28) hat dann eine Tendenz in Richtung $\dot{N} = 0$ *und* $\hat{W} = \frac{\dot{W}}{W} = C_2 < 0$.

(D. h. es existiert N^* *mit* $1 - \lambda < \frac{E^D}{N^*} < \left(\gamma\frac{\delta}{1-\delta} + 1\right)(1-\lambda)$ *und* $\lim_{t\to\infty} N(t) = N^*$, *und es existiert* $\lim_{t\to\infty} \hat{W}(t) = C_2 < 0$.*)*

Dabei ist C_2 *von* E^D *unabhängig.*

Ist also die Lohnreagibilität der Fluktuation bei einer Nachfrageintensität, die stationäre Beschäftigung induziert, sowie einem Lohnsetzungsverhalten der Unternehmen, das ein stationäres Lohnniveau erzeugt, hinreichend hoch, gibt es eine Tendenz zu permanentem Lohndruck nach oben (Fall a)). Dieser Lohndruck ist nicht von der Größe der Volkswirtschaft abhängig.

Ist diese Lohnreagibilität hinreichend niedrig, ergibt sich schließlich Lohndruck nach unten (Fall b)).

Der Fall, daß Lohn- und Beschäftigungsstabilisierung zugleich möglich sind (nämlich wenn $(1-\gamma)\tau_1(1,(1-\lambda)+\gamma\lambda) = -\gamma$) wurde im Satz nicht erwähnt: Es würde als reiner Zufall erscheinen, wenn die in diese Beziehung einfließenden Parameter des Modells (Produktivitäts- und Verhaltensgrößen) sich gerade so zueinander verhalten, daß diese Gleichung erfüllt ist. (Im "generischen" Fall gilt eine der beiden im Satz erwähnten Ungleichungen.)

Beweis des Satzes:

a) Die Beschäftigung ist stationär beim Beschäftigungsniveau N^*

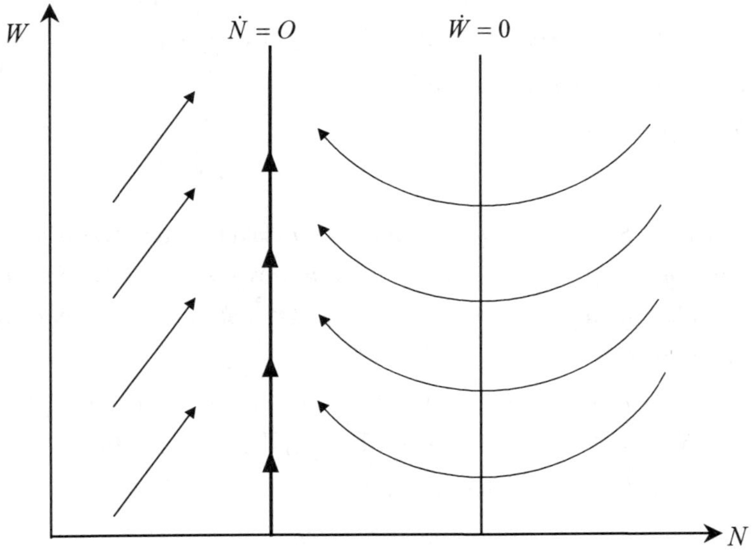

Abbildung 4.2: Tendenz zu positivem Lohndruck (Fall a))

mit

$$\frac{E^D}{N^*} = 1 - \lambda + \gamma\lambda.$$

(Es sei darauf hingewiesen, daß $1-\lambda+\gamma\lambda$ innerhalb des Intervalls $\left(1 - \lambda, \left(\gamma\frac{\delta}{1-\delta} + 1\right)(1 - \lambda)\right)$ liegt.)

Für die Nachfrageintensität $e^* = 1-\lambda+\gamma\lambda$ ist der gleichgewichtige optimale Relativlohn $\omega^*(e^*)$ gegeben durch

$$(1 - \gamma)(1 - \lambda - \omega^*(e^*)\tau_1(\omega^*(e^*), e^*)) = e^*,$$

äquivalent

$$-(1 - \gamma)\omega^*(e^*)\tau_1(\omega^*(e^*), e^*) = e^* - (1 - \gamma)(1 - \lambda) = \gamma.$$

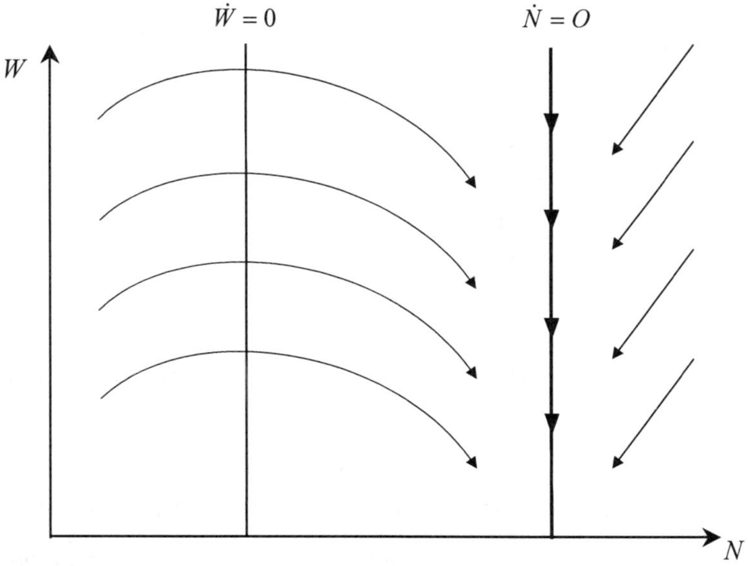

Abbildung 4.3: Tendenz zu negativem Lohndruck (Fall b))

Nach Voraussetzung ergibt sich

$$\tau_1(1, e^*) < \omega^*(e^*)\tau_1(\omega^*(e^*), e^*).$$

Da $\omega\tau_1(\omega, e^*)$ in ω steigt, folgt

$$\omega^*(e^*) > 1.$$

Ist also $\tilde{e} = \frac{E^D}{\tilde{N}}$ die Nachfrageintensität, die den Lohn stabilisiert (also $\omega^*(\tilde{e}) = 1$), so gilt wegen der Monotonie von $\omega^*(e)$, daß

$$e^* > \tilde{e},$$

bzw.

$$N^* < \tilde{N}.$$

Damit ist der erste Teil von a) bewiesen.

Daß eine Tendenz in Richtung $N = N^*$ (d. h. $\dot{N} = 0$) besteht, folgt einfach aus

$$\frac{\partial \dot{N}}{\partial N} = -\frac{1}{\gamma}(1 - \lambda + \gamma\lambda) < 0.$$

Der Lohndruck $\hat{W}$ tendiert entsprechend gegen

$$\hat{W} = \omega^*(1 - \lambda + \gamma\lambda) - 1 > 0.$$

b) Dieser Beweis verläuft völlig analog zum Beweis von a): Man zeigt $\omega^*(e^*) < 1$ und $e^* < \tilde{e}$ bzw. $N^* > \tilde{N}$. ■

Betont werden sollte, daß es sich bei der hergeleiteten dynamischen Arbeitsmarkttheorie um eine *hypothetische* Theorie handelt.

Es wurde von einer festen Nachfrage nach Arbeit in Effizienzeinheiten ausgegangen. Dies als substantielle Isolation zu rechtfertigen, dürfte schwerfallen, zumindest die Analyse wegen der notwendigen Annahmen der Gütermarktanpassung unnötig verengen. Hier genügt jedoch die Sichtweise einer hypothetischen Isolation vollkommen.

Ferner wurde von einer bestimmten Art der Referenzlohnbildung ausgegangen. Dies ist auf jeden Fall als hypothetische Isolation zu verstehen, da die Wirtschaftssubjekte im Laufe einer fortwährenden In- oder Deflation diese in ihre Referenzlohnbildung miteinbeziehen.

Im folgenden soll das Modell nun erweitert werden: Es wird untersucht, inwiefern sich die hypothetischen Tendenzen der vorgestellten Arbeitsmarkttheorie in Tendenzen einer übergeordneten Theorie übertragen, in die

i) durch Endogenisierung der Güternachfrage die Interaktion von Arbeitsmarkt und Gütermarkt sowie

ii) die Anpassung der Referenzlohnbildung

miteinbezogen werden.

4.5 Nachfragesteuerung

Der vorangehende Abschnitt hat gezeigt, daß der Arbeitsmarkt, so wie er hier modelliert ist, grundsätzlich nicht stabilisierbar ist: Stabilisiert etwa die Güternachfrage den Lohndruck, so ist dies im allgemeinen nicht mit der Aufrechterhaltung des Beschäftigungsniveaus verträglich. Nun gibt es im Markt aber gerade *keine* Tendenz zu einer stabilen Lohnentwicklung. Angenommen, es ergibt sich ein Lohndruck nach oben (der interessante Fall). Dieser wird schließlich wegen der dadurch ausgelösten Inflationsgefahr durch Eingriffe seitens der zuständigen Autoritäten bekämpft. Zwangsläufig ist aber dann ein Abbau der Beschäftigung die Folge.[18] Es besteht dann ein permanentes Beschäftigungsstrukturproblem. Dieser aus der vorhergehenden Analyse an sich direkt folgende Zusammenhang soll hier nochmals verdeutlicht werden. Von Interesse ist dabei die Frage, ob durch geschickte Nachfragesteuerung — unter kurzfristiger Aufgabe des Ziels der strikten Preisstabilität — die Volkswirtschaft längerfristig doch stabilisiert werden kann.

Zur Vereinfachung wird im folgenden angenommen, daß die für die Inflationskontrolle verantwortlichen Autoritäten die Nachfrage nach Arbeit in Effizienzeinheiten direkt steuern können. Eine Preistheorie ist dann gar nicht nötig. Es wird allein davon ausgegangen, daß die Preise genau dann stabil sind, wenn die Löhne stabil sind, ansonsten sich das Preisniveau in dieselbe Richtung wie das Lohnniveau verändert.

[18]Dieser Mechanismus wird bereits in Schlicht (1995) betont. Es wird dort argumentiert, daß Arbeitslose die Löhne nur kurzfristig kontrollieren, da ihr Humankapital im Laufe der Zeit an Wert verliert. Längerfristig kann nur ein Abbau der Beschäftigung (verbunden mit der Erzeugung von neuen, konkurrenzfähigen Arbeitslosen) die Lohnentwicklung stabilisieren.

4.5.1 Strikte Lohnstabilisierung

Unter strikter Lohnstabilisierung soll eine Politik verstanden werden, die die Nachfrage nach Arbeit in Effizienzeinheiten so steuert, daß das Lohnniveau konstant bleibt. Ist also $\tilde{e}$ die Nachfrageintensität mit $\omega^*(\tilde{e}) = 1$, so wird E^D immer an $\tilde{e}N$ angepaßt.

Formal läßt sich diese Anpassung so ausdrücken, daß (4.27), (4.28) um eine Gleichung

$$\dot{E^D} = \vartheta(\tilde{e}N - E^D), \ \vartheta > 0 \tag{4.29}$$

ergänzt wird. Bei strikter Stabilisierung wird diese Anpassung sehr schnell vorgenommen (ϑ groß). Da es in diesem Fall zu keiner signifikanten In- oder Deflation kommt, kann weiterhin — zumindest approximativ — von derselben Referenzlohnbildung wie bisher ausgegangen werden.

Satz 4.5 *a) Falls*

$$\tau_1(1, (1-\lambda) + \gamma\lambda) < -\frac{\gamma}{1-\gamma},$$

wird bei strikter Lohnstabilisierung die Beschäftigung mit (annähernd) konstanter Rate abgebaut:

$$\frac{\dot{N}}{N} = const. < 0.$$

b) Falls

$$\tau_1(1, (1-\lambda) + \gamma\lambda) > -\frac{\gamma}{1-\gamma},$$

wird bei strikter Lohnstabilisierung die Beschäftigung mit (annähernd) konstanter Rate ausgeweitet, bis schließlich Vollbeschäftigung erreicht wird. Solange noch keine Vollbeschäftigung herrscht, gilt

$$\frac{\dot{N}}{N} = const. > 0.$$

Beweis:

a) Da $\vartheta > 0$ bei strikter Stabilisierung groß ist, kann zur Vereinfachung angenommen werden,[19] daß ständig

$$E^D = \tilde{e}N$$

(Dabei ist $\tilde{e}$ wie oben die Nachfrageintensität mit $\omega^*(\tilde{e}) = 1$.)

Wegen $\tilde{e} < 1-\lambda+\gamma\lambda$ (vgl. den Beweis von Satz 4.4 a)) folgt dann

$$\frac{\dot{N}}{N} = \frac{1}{\gamma}(\tilde{e} - (1 - \lambda + \gamma\lambda)) = const. < 0.$$

b) zeigt man ganz analog. Hier gilt jetzt $\tilde{e} > 1 - \lambda + \gamma\lambda$. ■.

Im Unterschied zum herkömmlichen Effizienzlohngedanken bedeutet hier Beschäftigungsabbau *ceteris paribus* eine *Verbesserung* der Alternativen der Beschäftigten. Ausgehend von Lohndruck nach oben bewirkt Beschäftigungsrückgang daher sogar noch eine Steigerung des Lohndrucks. Wird Lohnstabilität also durch eine Drosselung der Nachfrage und eine nachfolgende Reduktion der bestehenden Beschäftigung erkauft, entsteht nach einer Weile wieder Lohndruck, so daß erneut restriktive Maßnahmen nötig sind. Es entsteht ein Teufelskreis von Beschäftigungsabbau und Lohndruck, der sich nicht abschwächt.

4.5.2 Möglichkeiten und Grenzen der Nachfragesteuerung

Im vorangegangenen Abschnitt wurden die Auswirkungen einer strikten Stabilisierungspolitik, bei der jeglicher Lohndruck sofort bekämpft wird, diskutiert. Es kann dabei zu einem permanenten Beschäftigungsabbau kommen.

Nun ist nicht klar, daß strikte Stabilisierungspolitik wirklich die optimale Reaktion auf Inflationsprobleme im Markt ist. Tatsächlich

[19] Vgl. Kap. 2.6.1 zur Methode der Gleichgewichtsbewegung.

hat in jüngster Vergangenheit eine wissenschaftliche Diskussion begonnen, die in Frage stellt, daß strikte Stabilisierung die angemessene Reaktion auf die Veränderungstendenzen einer Volkswirtschaft ist, und dagegensetzt, daß durch eine moderate Stabilisierungspolitik die Beschäftigungslage verbessert werden könnte, ohne daß die Stabilität der Volkswirtschaft längerfristig in Gefahr kommt.[20] Derartigen Argumenten liegt jedoch weiterhin die Idee einer Phillipskurve zugrunde, oder allgemeiner die Vorstellung der Beeinflussung der Lohnentwicklung durch die Zahl der Arbeitslosen.

Hier wurde diese Funktionalität der Arbeitslosen bestritten (vgl. auch Kapitel 3.4.2). Im vorgestellten Modell wurde deshalb — im Gegensatz zur traditionellen Phillipskurve — ein Zusammenhang zwischen Lohninflation und der Wachstumsrate der Beschäftigung hergeleitet. Dabei ist es möglich, daß stabile Löhne nur mit einem permanenten Abbau der Beschäftigung vereinbar sind (Satz 4.5 a)). Es erscheint nun interessant zu untersuchen, ob dieser verhängnisvolle Zusammenhang zu umgehen ist, wenn anstelle von strikter eine moderate Stabilisierung verfolgt wird.

Eine moderate Stabilisierung, die Inflation in gewissem Umfang zuläßt, könnte durch die Beobachtung rechtfertigt werden, daß eine Inflation mit niedriger Preissteigerungsrate, auch wenn sie keine Tendenz hat, sich abzubauen, noch keine unmittelbare Gefahr für die Stabilität der Volkswirtschaft darstellt. Dem liegt offenbar eine Verhaltensregelmäßigkeit zugrunde: Wirtschaftssubjekte sind bei ge-

---

[20] Vgl. die Beiträge von Akerlof, Dickens und Perry (1996) und Vogt (1996). In Akerlof, Dickens und Perry (1996) ist der Grundgedanke, daß Geldlöhne nach unten rigide sind, und deshalb die Stabilisierung einer Inflationsrate von Null eine Ausschaltung jeglichen Lohndrucks nach oben, somit eine erhöhte NAIRU fordert. Bei Stabilisierung einer geringen positiven Inflationsrate kann dagegen überdurchschnittlicher Lohndruck in einigen Bereichen durch unterdurchschnittlichen Lohndruck in anderen Bereichen neutralisiert werden, was eine geringere NAIRU ermöglicht.

Vogt (1996) interpretiert strikte Stabilisierung als Unterdrückung positiver unerwarteter Inflationsraten über den gesamten Konjunkturzyklus und argumentiert, daß eine moderate Stabilisierungspolitik, die in Boomphasen eine leichte unerwartete Inflation zuläßt, längerfristig beschäftigungssteigernd wirkt.

ringer Preissteigerung noch bereit, in Verträgen auf Indexklauseln zu verzichten. Auch bei einer permanenten geringen Preissteigerung entsteht nicht die Gefahr einer akzelerierenden Inflation.

Im folgenden soll von einem nicht näher spezifizierten Zusammenhang zwischen Lohndruck (ω) und Inflation (π) ausgegangen werden:

$$\pi = \pi(\omega), \pi(1) = 0, \pi' > 0. \tag{4.30}$$

Ist nun $\pi_{min} < 0$ die niedrigste, $\pi_{max} > 0$ die höchste Preissteigerungsrate, die noch grundsätzlich stabilitätskonform ist, ist jeder Lohndruck ω mit

$$\omega_{min} < \omega < \omega_{max},$$

wobei

$$\pi(\omega_{min}) = \pi_{min},$$
$$\pi(\omega_{max}) = \pi_{max},$$

noch stabilitätskonform. "Stabilitätskonform" heißt eine Steigerungsrate, die durch geeignete Eingriffe längerfristig so unter Kontrolle gehalten werden kann, daß sie keine Tendenz zur weiteren Bewegung weg von vollkommener Stabilität zeigt.

Zu beachten ist, daß $\pi_{min}, \pi_{max}, \omega_{min}, \omega_{max}$ hier als Verhaltenskonstanten angesehen werden, die sich durch Marktprozesse oder Eingriffe nicht verändern.

Entschließen sich die inflationssteuernden Autoritäten nun dazu, einen Lohndruck $\omega > 1$ zuzulassen, so kann auch eine höhere Nachfrageintensität $e = e(\omega)$ realisiert werden, als es bei strikter Stabilisierung möglich wäre: Daraus, daß Unternehmen bei einer höheren Nachfrageintensität einen höheren Relativlohn setzen, folgt ja unmittelbar, daß $e(\omega)$ in ω steigt.

Interessant ist nun der folgende Fall:

1. Bei strikter Stabilisierung wird Beschäftigung abgebaut, d. h.

$$e(1) < (1 - \lambda) + \gamma\lambda.$$

2. Bei Lohndruck ω_{max} wird die Beschäftigung ausgeweitet, d. h.

$$e(\omega_{max}) > (1 - \lambda) + \gamma\lambda.$$

(Gilt $e(1) > (1 - \lambda) + \lambda$, kann schon mit strikter Stabilisierung Vollbeschäftigung erreicht werden. Falls $e(\omega_{max}) < (1-\lambda)+\gamma\lambda$, führt Beschäftigungsausweitung immer zu nicht stabilitätskonformem Lohndruck.)

Im folgenden soll — auf eine eher heuristische Weise — diskutiert werden, ob durch eine moderate Stabilisierungspolitik das bei strikter Stabilisierung virulente Beschäftigungsstrukturproblem bekämpft werden kann.

Im oben skizzierten Fall gibt es einen kritischen Lohndruck $\omega_{krit} \epsilon (1, \omega_{max})$, der durch eine Nachfrageintensität gestützt wird, die die Beschäftigung gerade konstant läßt. Eine Nachfrageintensität $e < e(\omega_{krit})$ führt zu einem Rückgang der Beschäftigung, während $e > e(\omega_{krit})$ die Beschäftigung ausweitet.

Naiv könnte man vorschlagen, daß immer ein Lohndruck zwischen ω_{krit} und ω_{max} gestützt werden sollte, da auf diese Weise die Beschäftigung ständig ausgedehnt und schließlich Vollbeschäftigung erreicht werden kann.

Dieser Vorschlag ist irreführend, da er eine unzulässige Isolation hinsichtlich der Referenzlohnbildung vornimmt: Bei einer ständigen Lohnsteigerung gewissen Ausmaßes werden die Akteure die Bildung ihres Referenzlohnes revidieren und die Lohnsteigerung in den Referenzlohn einrechnen. Unternehmen bestimmen ihre Wettbewerbsposition im Arbeitsmarkt also nicht allein mit Bezug auf den beobachteten allgemeinen Marktlohn der Vorperiode, sondern modifizieren diesen um die erwartete allgemeine Lohnsteigerungsrate.[21] Ein Relativlohn in Höhe der erwarteten Lohnsteigerungsrate hat dann schließlich nur noch die Wirkung wie ein Relativlohn von Eins für den Fall, daß keine Inflation in den Referenzlohn eingerechnet wird. Da aber die Lohnsteigerung nicht über ω_{max} steigen darf, kann die Beschäftigung nicht ständig ausgeweitet werden, sondern muß schließlich abgebaut werden.

Der Zusammenhang läßt sich analytisch so verdeutlichen:

Sei mit $e(\omega; \omega^e)$ die Nachfrageintensität bezeichnet, die eine Lohnsteigerung von ω induziert, wenn die Akteure eine Steigerung von ω^e in ihren Referenzlohn einberechnen. Der Einfachheit halber sei angenommen, daß ω^e immer der tatsächlichen Lohnsteigerungsrate der Vorperiode entspricht, d. h. es wird bezüglich der allgemeinen Lohnsteigerungsrate von adaptiven Erwartungen ausgegangen.

(Für den Referenzlohn $\tilde{W}_t$, auf den die Akteure zu Beginn von Periode t ihre Entscheidungen konditionieren, gilt also

$$\tilde{W}_t = \omega_{t-1} W_{t-1},$$

wobei ω_{t-1} = Lohnsteigerung in $t-1$, W_{t-1} = allgemeines Lohnniveau in $t-1$.)

Es sei davon ausgegangen, daß in der Vergangenheit strikt stabilisiert wurde ($\omega^e = 1$). Wird nun die Nachfrageintensität so erhöht, daß der dadurch hervorgerufene Lohndruck $\tilde{\omega}$ im Intervall $(\omega_{krit}, \omega_{max})$ liegt, ergibt sich eine Ausdehnung der Beschäftigung um den Anteil

$$e(\tilde{\omega}; 1) - ((1 - \lambda) + \gamma\lambda),$$

gleichzeitig eine Verschiebung der Kurve $e(\omega; 1)$ nach rechts zu $e(\omega; \tilde{\omega})$.

---

[21] Vgl. auch die entsprechende Formulierung in Phelps (1968). Siehe Kapitel 3.3.5.

Um die Einrechnung von Inflation wieder abzubauen,[22] muß der Zustand $\omega^e = 1$ wiederhergestellt werden. Dies erfordert ein Zurückfahren der Nachfrageintensität auf ein Niveau, das den Relativlohn $\frac{1}{\bar{\omega}}$ stützt.[23] Dies ist jedoch bei hohen Inflationserwartungen mit einer Beschäftigungsreduktion verbunden, die erheblich den Umfang überschreiten kann, den die anfängliche Ausweitung der Beschäftigung hatte.

Eine expansive Politik mit anschließend erzwungener Kontraktion kann also im Saldo zu einem Beschäftigungsabbau führen, der unter Umständen größer ist als derjenige, den strikte Stabilisierung impliziert.[24]

Mit einem ganz analogen Argument folgt allerdings, daß eine anfängliche deflationäre Kontraktion möglicherweise eine spätere Ausweitung derartigen Umfangs erlaubt, daß im Saldo die Beschäftigung steigt.

Politisch wird eine deflationäre Kontraktion — da zunächst scheinbar ohne Not die Arbeitslosigkeit gesteigert wird — jedoch schwer durchzusetzen sein, zumal wenn es sich um eine längerfristige Operation handelt und der für anschließend geplante Aufschwung zulange ausbleibt.

Aber auch auf rein theoretischer Ebene bleiben Fragen offen. So erscheint für den potentiellen Erfolg einer Kombination von expansiven und kontraktiven Maßnehmen wichtig, in welche Richtung und wie stark die modifizierte "Phillipskurve" gekrümmt ist. Hierüber

---

[22] Geschieht dies nicht, muß schließlich eine strikte Stabilisierungspolitik gefahren werden, um eine bestimmte Inflationsrate dauerhaft zu stützen. Diese hätte dann dieselben Auswirkungen wie strikte Stabilisierung bei einer Inflation von Null. Die Umstellung der Lohnsteigerungsrate von Null auf die dauerhafte positive Rate hätte dann nur den Effekt eines einmaligen Beschäftigungszuwachses. Der längerfristige Trend abnehmender Beschäftigung würde davon nicht berührt.

[23] Vorausgesetzt, daß $\frac{1}{\bar{\omega}} > \omega_{min}$. Anderenfalls muß dieses Zurückfahren in mehreren kleineren Schritten erfolgen.

[24] Dies läßt sich formal etwa für den Fall eines linearen Zusammenhanges zwischen e und ω nachweisen. Die erforderlichen Rechnungen sind elementar, aber umständlich, und werden deshalb hier nicht aufgeführt.

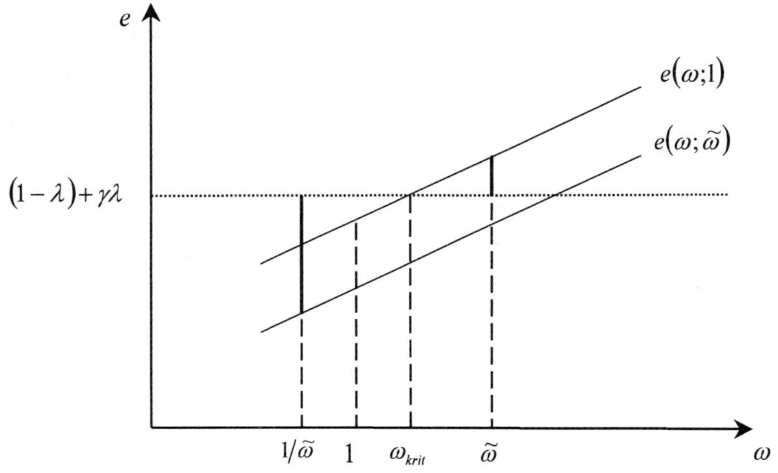

Abbildung 4.4: Lohndruck und Nachfrageintensität

kann nun keine allgemeine Aussage gemacht werden. Klar ist nur, daß eine konvexe Kurve $e = e(\omega; 1)$ die Erfolgsaussichten der skizzierten Politik erhöht, während eine konkave Kurve $e = e(\omega; 1)$ sie schmälert. Zwar sprechen die abnehmenden Erträge des Einflusses der Lohnsetzung auf die Fluktuation eher für eine konvexe Kurve. Dies kann jedoch dadurch konterkariert werden, daß bei einer Erhöhung der Nachfrageintensität die Lohnreagibilität der Fluktuation stark ansteigt. Hat die Kurve $e = e(\omega; 1)$ eine zur traditionellen Phillipskurve analoge Gestalt, so ist sie konkav!

Die Krümmung der hier vorgeschlagenen modifizierten Phillipskurve könnte aus der hier vertretenen Perspektive eine interessante Fragestellung für die empirische Forschung darstellen.

Ein anderer Aspekt betrifft den quantitativen Umfang des Beschäftigungsstrukturproblems: Ist der Abstand zwischen der mit

Lohnstabilität verträglichen Nachfrageintensität $e(1;1)$ von der beschäftigungsstabilisierenden Nachfrageintensität $(1-\lambda)+\gamma\lambda$ groß im Vergleich zur Breite des Spektrums der zur Verfügung stehenden stabilitätskonformen Nachfrageintensitäten, d. h. zur Differenz $e(\omega_{max};1) - e(\omega_{min};1)$, so sind die Aussichten der hier skizzierten Politik, das Beschäftigungsstrukturproblem zu lösen, gering.[25]

Insgesamt bleibt festzuhalten, daß traditionelle Nachfragesteuerung als alleiniges Instrument zur Bekämpfung des Beschäftigungsstrukturproblems — d. h. nicht ergänzt durch andere Eingriffe in die Lohn- und Preisbildungsprozesse — eher skeptisch zu bewerten ist. Den Befürwortern einer moderaten Stabilisierungspolitik kann im Rahmen der hier vorgestellten Problematik nicht ohne weiteres gefolgt werden.[26]

4.6 Direkte Eingriffe in die Lohnbildung

Vor dem Hintergrund der durch die funktionale Überlastung der Löhne hervorgerufenen Fehlanpassungen im Arbeitsmarkt scheint es naheliegend, direkt in den Lohnbildungsprozeß einzugreifen, um auf diese Weise das bei Lohnstabilität virulente Beschäftigungsstrukturproblem zu bekämpfen und eventuell zu beseitigen.

[25] Interessanterweise läßt sich nicht eindeutig sagen, ob sich das Beschäftigungsstrukturproblem bei Lohnstabilisierung verschärft, wenn γ abnimmt. Zwar wird bei kleinerem γ eine Ersetzung von Nichtqualifizierten durch Qualifizierte noch attraktiver. Andererseits sinken mit γ auch die Wechselmöglichkeiten für die Beschäftigten: Der über die vorhandenen Beschäftigten hinausgehende Bedarf an Arbeit in Effizienzeinheiten wird geringer.

Zeigen läßt sich allerdings, daß ein geringer Unterschied zwischen Qualifizierten und Nichtqualifizierten ($\gamma \approx 1$) bei Lohnstabilität kein Beschäftigungsstrukturproblem induziert.

[26] Auch die andere Möglichkeit der Mengensteuerung, der Versuch einer Stärkung des Angebots an qualifizierten Arbeitern durch staatliche Qualifizierungsmaßnahmen, ist nicht vielversprechend. Die Erfahrung zeigt, daß außerhalb der Betriebe durchgeführte Schulungsmaßnahmen kein gleichwertiger Ersatz für die am Arbeitsplatz gewonnenen Qualifikationen sind. Die Präferenz der Unternehmen für beschäftigte Bewerber wird durch solche Maßnahmen offenbar nicht berührt.

Der Vorschlag, die Einstiegslöhne für neueingestellte (vorher) Arbeitslose mithilfe gesetzlicher Regelungen niedrig zu halten, soll hier nicht weiter diskutiert werde. Er ist theoretisch kaum zu bewerten, solange die Bedeutung unternehmensinterner Normen hinsichtlich Entlohnung und Kooperation unklar ist.[27]

Wird also wie in der vorhergehenden Analyse davon ausgegangen, daß die jobspezifische Entlohnung hinsichtlich der Sicherung betriebsinterner Kooperation eine wesentliche funktionale Bedeutung hat, so bietet sich noch das Instrument der Lohnbesteuerung als Korrekturmöglichkeit an. Eine Steuer ist im gegebenen Zusammenhang vor allen Dingen dann wirkungsvoll, wenn sie einen "Regimewechsel" ermöglicht, d. h. eine Situation, in der Lohnstabilität nur mit Beschäftigungsabbau verträglich ist, in eine solche überführt, in der Beschäftigungsausweitung bei stabilen Löhnen möglich ist.

Im folgenden soll die Wirkungsweise von zwei Arten der Lohnbesteuerung im Rahmen des vorgestellten Modells veranschaulicht werden. Der Einfachheit halber sei dabei davon ausgegangen, daß eine Geldlohnbesteuerung nicht durch Ausweichen auf andere Arten der Entlohnung umgangen werden kann.[28]

4.6.1 Die Wirkung einer progressiven Lohnsteuer

Eine progressive Lohnsteuer schwächt die durch bestimmte (Brutto-) Lohndifferentiale hervorgerufene Wechselbereitschaft der Beschäftigten und dämpft daher den Lohndruck, ist also prinzipiell zur Bekämpfung des Beschäftigungsstrukturproblems geeignet.

Analytisch läßt sich diese Wirkungsweise so illustrieren:

Es sei $y(w)$ der einem Bruttolohn w zugeordnete Nettolohn. Annahmegemäß sei die Steuer so konzipiert, daß

$$y(w) = \left(\frac{w}{w_{min}}\right)^{\alpha}, 0 < \alpha < 1,$$

[27] Vgl. Kapitel 3.4.1.

[28] Auf diese Annahme wird weiter unten noch zurückzukommen sein.

wobei w_{min} ein bestimmter Lohnsatz ist, der im betrachteten Rahmen nicht unterschritten wird. Mit α ist also ein Maß für die Progression gemeint: Ein niedriges α bedeutet eine starke Progression.

Im folgenden soll auf heuristische Weise die Wirkungsweise der genannten Besteuerung illustriert werden.[29]

Das (reduzierte) Kostenminimierungsproblem des Unternehmens lautet nun[30]

$$\min_{\omega_i} \omega_i W(E_i^D - (1-\gamma)(\bar{Q}_i + (1-\lambda-\tau(\omega_i^\alpha, e)N_i))).$$

Dies führt auf die Bedingung erster Ordnung

$$0 = E_i^D - (1-\gamma)(\bar{Q}_i + (1-\lambda-\tau)N_i) + (1-\gamma)\alpha\omega_i^\alpha \tau_1 N_i.$$

Im kurzfristigen Gleichgewicht ist also der optimale Relativlohn ω^* bei einer Nachfrageintensität e gegeben durch

$$(1-\gamma)(1-\lambda-\alpha\omega^{*\alpha}\tau_1(\omega^{*\alpha}, e)) = e.$$

Betrachtet man die beschäftigungsstabilisierende Nachfrageintensität $e = 1-\lambda+\gamma\lambda$, so läßt sich also für den Fall, daß ohne Besteuerung bei Lohnstabilität ein Beschäftigungsstrukturproblem vorliegt (d. h. $-\tau_1(1, 1-\lambda+\gamma\lambda) > \frac{\gamma}{1-\gamma}$), durch eine Lohnbesteuerung mit

$$\tilde{\alpha} = -\frac{\gamma}{(1-\gamma)\tau_1(1, 1-\lambda+\gamma\lambda)}$$

die Wirtschaft stabilisieren.[31]

[29]Eine vollständige Dartstellung mit Existenz- und Eindeutigkeitsbeweisen samt zusätzlicher Annahmen würde die Diskussion allzusehr aufblähen.

[30]Randlösungen werden hier nicht betrachtet.

[31]Bei dieser Steuer oder einer anderen mit leicht von $\tilde{\alpha}$ abweichendem Progressionsgrad könnte dann sogar stabilitätskonforme Expansion stattfinden. Ob und in welche Richtung von $\tilde{\alpha}$ abgewichen werden muß, hängt dabei u. a. von den Monotonieeigenschaften des Zusammenhangs $\omega^* = \omega^*(e)$ ab. Auf eine genauere Ausführung wird hier verzichtet.

4.6.2 Die Wirkung einer Steuer auf Lohnerhöhungen

Es sei nun eine Steuer betrachtet, die ein Unternehmen entrichten muß, wenn es die seinen Arbeitsplätzen zugeordnete Entlohnung erhöht. Der Lohndruck erzeugende Anreiz der Unternehmen, durch attraktive Lohnzahlungen qualifizierte Mitarbeiter zu halten, wird also durch Einführung künstlicher Kosten abgeschwächt. Insofern erscheint auch eine solche Steuer als Instrument zur Bekämpfung des Beschäftigungsstrukturproblems prinzipiell geeignet.[32]

Die Wirkungsweise der Steuer sei analytisch so veranschaulicht:

Erhöht ein Unternehmen die Entlohnung von w auf w', so muß es pro Beschäftigten eine Steuer in Höhe von $t(w' - w)$ entrichten, wobei $t > 0$ ein konstanter Steuersatz ist. Umgekehrt erhält es bei Senkung der Entlohnung eine entsprechende Subvention.

Es folgt eine — erneut verknappte — Diskussion einer solchen Steuer im Rahmen des Modells.

Das Kostenminimierungsproblem des Unternehmens lautet hier

$$\min_{\omega_i}(\omega_i W + t(\omega_i - 1)W)(E_i^D - (1-\gamma)(\bar{Q}_i + (1 - \lambda - \tau(\omega_i, e))N_i)).$$

Die Bedingung erster Ordnung ist nun

$$\begin{aligned} 0 = (1+t)(E_i^D - (1-\gamma)(\bar{Q}_i + (1 - \lambda - \tau(\omega_i, e))N_i)) \\ +((1+t)\omega_i - t)(1-\gamma)\tau_1(\omega_i, e)N_i. \end{aligned}$$

Im kurzfristigen Gleichgewicht erfüllt der optimale Relativlohn ω^*

$$(1-\gamma)\left(1 - \lambda - \left(\omega^* - \frac{t}{1+t}\right)\tau_1(\omega^*, e)\right) = e.$$

Es sei wieder der Fall betrachtet, daß bei stabilen Löhnen ein Be-

[32] Es handelt sich um eine Variante der "Tax-Based Incomes Policy" (TIP), vgl. dazu z. B. Wallich und Weintraub (1971), Colander (1986).

schäftigungsstrukturproblem vorliegt, d. h.

$$-\tau_1(1, 1 - \lambda + \gamma\lambda) > \frac{\gamma}{1-\gamma}.$$

Lohn- und Beschäftigungsstabilität lassen sich dann bei einem Steuersatz von

$$\tilde{t} = -\frac{1-\gamma}{\gamma}\tau_1(1, 1 - \lambda + \gamma\lambda) - 1$$

erreichen.[33]

4.6.3 Kurze Bewertung

Im stilisierten Modellrahmen erweisen sich die hier vorgeschlagenen Steuerinstrumente als prinzipiell zur Bekämpfung des Beschäftigungsstrukturproblems geeignet.

Wie wirken sich nun die Steuern aus, wenn man die Heterogenität der Jobs und die entsprechende Lohnstruktur in die Analyse miteinbezieht? Was die exakte Analyse angeht, übersteigt diese Frage den Rahmen dieser Arbeit.

Nun ist aber klar, daß eine progressive Lohnbesteuerung die Nettolohnstruktur flacher macht.[34] Ist also zur Bekämpfung des Beschäftigungsstrukturproblems eine starke Progression vonnöten, wird die Lohnstruktur unter Umständen zu stark nivelliert in dem Sinne, daß hochproduktive Jobs, die umfangreiche Humankapitalinvestitionen erfordern, nicht mehr realisiert werden.

Die Besteuerung von Lohnerhöhungen ist dagegen mit jeder Lohnstruktur verträglich. Neue hochproduktive Arbeitsplätze, die große Humankapitalinvestitionen erfordern, können mit einer hohen Entlohnung ausgestattet werden.[35]

---

[33]Hier gilt eine zur Fußnote 31 analoge Bemerkung.

[34]Herrscht Jobwettbewerb im Arbeitsmarkt, wie hier angenommen wird, wird unter Umständen auch die Bruttolohnstruktur flacher (Schlicht (1994)).

[35]Natürlich muß die Steuer durch praktikable Kriterien ergänzt werden, die entscheiden, wann ein Arbeitsplatz als neu anzusehen ist.

Muß zur Bekämpfung des Beschäftigungsstrukturproblems ein sehr hoher Steuersatz eingeführt werden, so ergibt sich für die bestehenden Jobs eine Festschreibung der bestehenden Lohnstruktur. Dies muß keinen Effizienzverlust bedeuten: Es gibt keinen Grund anzunehmen, daß sich ohne die betrachtete Besteuerung im Markt eine effiziente Lohnstruktur bildet.[36] Als Effizienzvorteil in einem längerfristigen Sinne ergibt sich, daß die Expansion in besonders produktiven Sektoren dadurch unterstützt wird, daß die Löhne dort künstlich niedrig gehalten werden.

Im Hinblick auf flexible Reaktionen auf technologischen (oder sonstigen) Wandel und die Heterogenität von Jobs scheint die Besteuerung von Lohnerhöhungen als Instrument zur Bekämpfung der Stabilitätsprobleme im Arbeitsmarkt also geeigneter zu sein. Unterstützt wird dies durch die intuitive Überlegung, daß diese Art der Besteuerung direkt an der Wurzel der Arbeitsmarktprobleme ansetzt, nämlich beim Lohndruck nach oben, der bei stationärer Beschäftigung entsteht.

Aus der formalen Analyse oben konnte allerdings nicht abgelesen werden, in welcher Größenordnung sich ein Steuersatz bewegen muß, damit die Stabilitätsprobleme wirklich bewältigt werden. Ist ein in dieser Hinsicht effektiver Steuersatz allzu hoch, so ist das "Grundgesetz 'dirigistischer' Eingriffe" (C. Chr. v.Weizsäcker)[37] verletzt: Es muß dann mit einer Umgehung der Steuer — etwa durch die Erhöhung des nichtmonetären Lohnanteils — gerechnet werden.

Trotz dieser Einschränkung erscheint es im Lichte der vorangegangenen Analyse sinnvoll, als Politikempfehlung die Einführung einer — praktikablen — Besteuerung von Lohnerhöhungen vorzuschlagen. Eine solche Besteuerung würde zumindest zu einer Linderung der Stabilitätsprobleme führen.

[36] Vgl. Schlicht (1981).

[37] V.Weizsäcker (1975), S.22.

4.7 Zusammenfassung und Ausblick

Haben in einem Arbeitsmarkt mit Effizienzlohnsetzung die Arbeitslosen keinen Einfluß auf die Lohnbildung, so kann die Kontrolle der Lohnentwicklung zu einem Beschäftigungsstrukturproblem führen: Die Güternachfrage muß so knapp gehalten werden, daß beim Wettbewerb der Unternehmen um qualifizierte Kräfte kein signifikanter Lohndruck entsteht. Dadurch kann die Reproduktion der qualifizierten Arbeit durch Neurekrutierungen aus dem Pool der Arbeitslosen behindert werden.

Aufgrund der Besonderheiten der Lohnbildung kann der Arbeitsmarkt also grundsätzlich zur Selbststabilisierung unfähig sein. Eine solche Perspektive erlaubt auch eine neue Interpretation des allgemein beobachteten steigenden Trendes der Arbeitslosenzahlen: Dieses Phänomen kann man als notwendige Folge einer auf Geldlohnstabilisierung ausgerichteten Interventionspolitik sehen, im Gegensatz zur herrschenden Auffassung, daß aufgrund "parametrischer" Änderungen — etwa hervorgerufen durch technologischen Wandel im Produktionsprozeß — die NAIRU im Zeitablauf zunimmt. Entsprechend verschärft stellt sich die Forderung nach geeigneten Eingriffen.

Die Möglichkeiten traditioneller Steuerungsinstrumente wurden hinsichtlich der betrachteten Problematik eher skeptisch beurteilt. Als zumindest zur Abschwächung der Stabilitätsprobleme geeignet wurde eine Version der "Tax-Based Incomes Policy" (die ja gar nicht zu den traditionell praktizierten Eingriffsvarianten gehört) beurteilt. Es erscheint dringend geboten, die fehlangepaßte (ineffiziente) institutionelle Struktur der Lohnsetzung durch weniger konventionelle institutionelle Eingriffe zu korrigieren.[38] Offenbar ist der Markt im weiteren Sinne (d. h. aus der umfassenden Perspektive endogener Institutionen) dazu selbst nicht in der Lage.

[38]Für einen solchen Vorschlag, der sich in erster Linie auf einen Arbeitsmarkt mit zentral koordinierten kollektiven Lohnverhandlungen bezieht, vgl. Schlicht (1995).

Kapitel 5

Abschließende Bemerkungen

Ziel dieser Arbeit war es, neue theoretische Anhaltspunkte für das in den letzten Jahrzehnten beobachtete Ansteigen der Arbeitslosigkeit in den westlichen Industriestaaten zu gewinnen.

Dazu wurden zunächst in Kapitel 2 allgemeine Überlegungen über ökonomische Anpassungen und deren theoretische Analyse angestellt, wobei die Bedeutung des Isolationsprinzips im Mittelpunkt stand. Es wurde dargelegt, daß die modernen Arbeitsmarkttheorien in Hinsicht auf die in ihnen vorgenommenen Isolationen Schwächen aufweisen. Die makroökonomischen Schlußfolgerungen, die in diesen Theorien aus der Analyse von Anpassungen im Arbeitsmarkt gezogen werden, sind deshalb nicht überzeugend. Insbesondere wird in Theorien, die spezielle Aspekte der Lohnbildung betonen, aufgrund einer aus der Perspektive der Isolationsproblematik fragwürdigen Behandlung von Gütermarktanpassungen eine Ähnlichkeit von mikro- und makroökonomischen Zusammenhängen behauptet, die eher kritisch zu bewerten ist. Stattdessen wurde dafür plädiert, Anpassungen im Arbeitsmarkt dynamisch zu formulieren, da sich auf diese Weise die angesprochenen Unstimmigkeiten der Analyse grundsätzlich vermeiden lassen. Außerdem lassen sich durch eine dynamische Modellierung Charakteristika des Wettbewerbs im Arbeitsmarkt beschreiben.

In Kapitel 3 wurde dann im Hinblick auf Anpassungsvorgänge im Arbeitsmarkt die Effizienzlohntheorie einer ausführlichen Betrachtung unterzogen. Es wurde herausgearbeitet, daß die hier vertretene dynamische Sichtweise die Effizienzlohntheorie — über ihre unmittelbare Aussage und die vertragstheoretische Kritik hinausgehend — dadurch zusätzlich interessant macht, daß auch der Einfluß der Güternachfrage auf die Prozesse im Arbeitsmarkt in der theoretischen Analyse behandelt werden kann. Das macht bereits der frühe Aufsatz von Edmund Phelps (Phelps (1968)) deutlich. Andererseits läßt sich die Effizienzlohntheorie dann auch in einer weiteren Hinsicht kritisieren: Die nahegelegte spontane Stabilisierung des Arbeitsmarktes durch die Anpassung der Arbeitslosenquote an ihr gleichgewichtiges Niveau wird bei Einbeziehung von Gütermarktprozessen in Frage gestellt. Positiv gewendet heißt dies aber, daß die Effizienzlohntheorie Anhaltspunkte für die These liefert, daß Externalitäten bei der Lohnsetzung eine Destabilisierung des Arbeitsmarktes und damit der gesamten Volkswirtschaft nach sich ziehen können. Diese These wurde noch zusätzlich untermauert: Es wurde nachgewiesen, daß die von der Effizienzlohntheorie behauptete qualitätssteuernde Funktion der Arbeitslosenzahl nicht mehr besteht, falls die Unternehmen bei der Besetzung von Stellen eine Präferenz für beschäftigte Bewerber haben.

Schließlich wurden in Kapitel 4 die bis dahin vorgebrachten Argumente und Ideen in einem Modell des Gesamtarbeitsmarktes einer Volkswirtschaft vereinigt. In diesem Arbeitsmarkt besteht die Funktion des Lohnes darin, die Position eines einzelnen Unternehmens im Wettbewerb um qualifizierte (d. h. beschäftigte) Arbeitnehmer zu optimieren. Da es sich bei diesem Wettbewerb aber um ein "Nullsummenspiel" handelt, kann Lohndruck entstehen, ohne daß sich die aggregierten Beschäftigungszahlen ändern. Dies ist um so gravierender, als dieser Lohndruck keiner Kontrolle durch die Zahl der Arbeitslosen unterliegt, sondern allein durch die Mengenverhältnisse im Markt der Jobwechsler beeinflußt wird. Sieht man von Skaleneffekten ab, sind diese Mengenverhältnisse jedoch unabhängig vom Umfang der Produktion. Es wurde gezeigt, daß ein permanenter Beschäftigungsabbau die Folge sein kann: Lohndruck wird durch Zurückfahren der Nachfrage vorübergehend gestoppt, was aber zu verminderter Beschäftigung führt und daher die Wechselmöglichkeiten für die Beschäftigten wieder verbessert, somit erneuten Lohndruck verursacht. Der Arbeitsmarkt ist durch Nachfragesteuerung im allgemeinen nicht stabilisierbar. Die Arbeitslosigkeit hat keine Funktion. Es wurde deutlich gemacht, daß die Ursache der Arbeitslosigkeit nicht in zu hohen Löhnen liegt. Vielmehr erzeugt ein ständiger Lohndruck ein ständiges Beschäftigungsstrukturproblem und damit zunehmende Arbeitslosigkeit. Der Lohndruck ist wiederum Folge des Wettbewerbs der Unternehmen um die bevorzugten qualifizierten Arbeitskräfte.

Einige naheliegende Eingriffsinstrumente wurden diskutiert, wobei eine Variante der "Tax-Based Incomes Policy" als am meisten (wenn auch unter Umständen nicht hinreichend) geeignet bewertet wurde.

Abschließend sei noch eine Bemerkung anderer Art zur Frage, wie sich die Fehlentwicklungen am Arbeitsmarkt korrigieren lassen, gemacht. In den vorangehenden Ausführungen wurde zur Kritik etablierter Vorstellungen auf teilweise recht abstrakte Überlegungen zurückgegriffen. Die hier vertretene Theorie beruhte dann wiederum auf relativ komplexen Vorstellungen über Anpassungen im Arbeitsmarkt. Als zentrale Ursache der Arbeitslosenentwicklung stellte sich ein Systemfehler, nämlich die unter heutigen Bedingungen fehlerhafte Art der Lohnbildung, heraus. Es ist nun mehr als fraglich, ob derartige theoretische Überlegungen — unabhängig von ihrer Richtigkeit — grundsätzlich im politischen Prozeß vermittelbar sind. Sind aber die Vorstellungen der grundsätzlichen Funktionsweise des Arbeitsmarktes nicht vermittelbar, so erst recht nicht die auf diesen Vorstellungen aufbauenden vorgeschlagenen Korrekturen. Beispielsweise würde ein Vorschlag einer Steuer auf Lohnerhöhungen in der gegenwärtigen Lage in Deutschland keine Chance auf Durchsetzung haben, da eine solche Steuer wohl kaum als Instrument zur Bekämpfung eines Systemfehlers, sondern eher als einseitige Belastung der Arbeitnehmer bei guter Gewinnlage der Unternehmen verstanden werden würde.

Es wäre aber falsch, aufgrund solcher Nebenbedingungen das Nachdenken über (Fehl-)Anpassungen im Arbeitsmarkt und Möglichkeiten ihrer Korrektur aufzugeben.

Literaturverzeichnis

AKERLOF, G. A. (1982): "Labor Contracts as Partial Gift Exchange," *Quarterly Journal of Economics*, 97, 543–569.

AKERLOF, G. A., W. T. DICKENS UND G. L. PERRY (1996): "The Macroeconomics of Low Inflation," *Brookings Papers on Economic Activity*, 0(1), 1–76.

AKERLOF, G. A. UND L. F. KATZ (1989): "Workers' Trust Fund and the Logic of Wage Profiles," *Quarterly Journal of Economics*, 103, 525–536.

AKERLOF, G. A., A. K. ROSE UND J. L. YELLEN (1988): "Job Switching and Job Satisfaction in the U.S. Labor Market," *Brookings Papers on Economic Activity*, 0(2), 495–594.

AKERLOF, G. A. UND J. L. YELLEN (1985): "A Near-Rational Model of the Business Cycle, with Wage and Price Inertia," *Quarterly Journal of Economics*, 100, Supplement, 823–838.

——— (1990): "The Fair Wage/Effort Hypothesis and Unemployment," *Quarterly Journal of Economics*, 105, 255–283.

ARROW, K. J. (1959): "Toward a Theory of Price Adjustment," in *The Allocation of Economic Resources — Essays in Honor of Bernard Francis Haley*, hrsgg. von M. ABRAMOWITZ, S. 41–51. Stanford University Press, Stanford.

Basu, K., E. Jones und E. Schlicht (1987): "The Growth and Decay of Custom: The Role of the New Institutional Economics in Economic History," *Explorations in Economic History*, 24, 1–21.

Bean, C. R. (1994): "European Unemployment: A Survey," *Journal of Economic Literature*, 32, 573–619.

Blanchard, O. J. und P. Diamond (1990): "The Aggregate Matching Function," in *Growth/Productivity/Unemployment*, hrsgg. von P. Diamond, Kapitel 9, S. 159–201. MIT Press, Cambridge/Mass., London.

Blanchard, O. J. und P. Diamond (1992): "The Flow Approach to Labor Markets," *American Economic Review*, 82(2), 354–359.

Calmfors, L. und J. Driffill (1988): "Centralization of Wage Bargaining," *Economic Policy*, S. 13–61.

Campbell, C. M. (1996): "An Efficiency Wage Model of the Wage Curve, the Phillips Curve, and the Natural Rate of Unemployment," unveröffentlichtes Manuskript, Charlottesville/Virg.

Carmichael, L. (1983): "Firm-Specific Human Capital and Promotion Ladders," *Bell Journal of Economics*, 14, 251–258.

——— (1985): "Can Unemployment Be Involuntary? Comment," *American Economic Review*, 75, 1213–1214.

——— (1990): "Efficiency Wage Models of Unemployment — One View," *Economic Inquiry*, 28, 269–95.

Cartter, A. (1959): *Theory of Wages and Employment*. Richard D. Irwin, Homewood.

Coe, D. T. (1990): "Insider-Outsider Influences on Industry Wages. Evidence from Fourteen Industrialized Countries," in *Hysteresis Effects in Economics*, hrsgg. von W. Franz, S. 55–75, Heidelberg. Physica.

COLANDER, D. C. (1986): *Incentive-Based Incomes Policies.* Cambridge University Press, Cambridge.

DEBREU, G. (1959): *Theory of Value.* Yale University Press, New Haven/London.

DIAMOND, P. A. (1982): "Wage Determination and Efficiency in Search Equilibrium," *Review of Economic Studies*, 49, 217–227.

DOERINGER, P. UND M. PIORE (1971): *Internal Labour Markets and Manpower Analysis.* D.C.Heath, Boston.

FARBER, H. S. (1986): "The Analysis of Union Behaviour," in *Handbook of Labour Economics*, hrsgg. von O. ASHENFELTER UND R. LAYARD, Kapitel 18, S. 1039–1137. North-Holland, Amsterdam/New York/Oxford/Tokio.

FEHR, E. (1986): "A Theory of Involuntary Equilibrium Unemployment," *Journal of Institutional and Theoretical Economics*, 142, 405–430.

FEHR, E., S. GÄCHTER UND G. KIRCHSTEIGER (1993): "Reciprocity Forces Versus Competitive Forces: The Impact of Entrance Fees in an Experimental Efficiency Wage Market," Working Paper, Universität Wien.

FISHER, F. M. (1987): "Adjustment Processes and Stability," in *The New Palgrave*, hrsgg. von J. EATWELL, M. MILGATE UND P. NEWMAN, S. 26–28. Macmillan, London.

FRIEDMAN, M. (1968): "The Role of Monetary Policy," *American Economic Review*, 58, 1–17.

GAHLEN, B. UND H.-J. RAMSER (1987): "Effizienzlohn, Lohndrift und Beschäftigung," in *Arbeitsmärkte und Beschäftigung—Fakten, Analysen, Perspektiven*, hrsgg. von G. BOMBACH, B. GAHLEN

UND A. E. OTT, Band 16 in der Reihe *Schriftenreihe des Wirtschaftswissenschaftlichen Seminars Ottobeuren*, S. 129–160. J.C.B. Mohr (Paul Siebeck), Tübingen.

IW (1997): "Zahlen zur wirtschaftlichen Entwicklung der Bundesrepublik Deutschland," Institut der Deutschen Wirtschaft, Deutscher Instituts-Verlag Köln.

JOHNSON, H. G. UND P. MIESZOWSKI (1970): "The Effects of Unionization on the Distribution of Income: A General Equilibrium Approach," *Quarterly Journal of Economics*, 84, 539–561.

JONES, R. W. (1971): "Distortions in Factor Markets and the General Equilibrium Model of Production," *Journal of Political Economy*, 79, 437–459.

KALDOR, N. (1956): "Alternative Theories of Distribution," *Review of Economic Studies*, 23, 83–100.

KEYNES, J. M. (1936): *The General Theory of Employment, Interest and Money.* Macmillan, London.

KLEIN, B. UND K. B. LEFFLER (1981): "The Role of Market Forces in Assuring Contractual Performance," *Journal of Political Economy*, 89, 615–641.

KUBON-GILKE, G. (1990): *Motivation und Beschäftigung.* Campus, Frankfurt/New York.

LEIBENSTEIN, H. (1957): *Economic Backwardness and Economic Growth.* Wiley, New York.

LINDBECK, A. UND D. SNOWER (1988): "Cooperation, Harassment, and Involuntary Unemployment," *American Economic Review*, 78, 167–188.

LOEWENSTEIN, G. UND N. SICHERMAN (1991): "Do Workers Prefer Increasing Wage Profiles?," *Journal of Labour Economics*, 9, 67–84.

MARSHALL, A. (1920): *Principles of Economics*. Macmillan, London (8.Auflage).

MCDONALD, I. M. UND R. M. SOLOW (1981): "Wage Bargainining and Employment," *American Economic Review*, 71, 896–908.

MORTENSEN, D. T. (1986): "Job Search and Labor Market Analysis," in *Handbook of Labor Economics*, hrsgg. von O. ASHENFELTER UND R. LAYARD, S. 849–919, Amsterdam/New York/Oxford/Tokyo. North-Holland.

——— (1989): "The Persistence and Indeterminacy of Unemployment in Search Equilibrium," *Scandinavian Journal of Economics*, 91, 347–370.

NOLL, H.-H. (1985): "Arbeitsplatzsuche und Stellenfindung," in *Mobilitätsprozesse auf dem Arbeitsmarkt*, hrsgg. von H. KNEPEL UND J. HUJER, S. 275–303, Frankfurt/Main. Campus.

NORTH, D. UND R. THOMAS (1973): *The Rise of the Western World*. Cambridge University Press, Cambridge.

PHELPS, E. S. (1968): "Money-Wage Dynamics and Labor-Market Equilibrium," *Journal of Political Economy*, 76, 678–711.

——— (1970): "Money Wage Dynamics and Labor Market Equilibrium," in *Microeconomic Foundations of Employment and Inflation Theory*, hrsgg. von E. S. PHELPS, S. 124–165. Norton, New York.

——— (1994): *Structural Slumps*. Harvard University Press, Cambridge/Mass.

PISSARIDES, C. A. (1985): "Short Run Equilibrium Dynamics of Unemployment, Vacancies and Real Wages," *American Economic Review*, 75, 676–690.

POSNER, R. (1981): *The Economics of Justice.* Harvard University Press, Cambridge/Mass.

RICHTLINIEN (1989): "Richtlinien zur Förderung von 'Maßnahmen für besonders beeinträchtigte Langzeitarbeitslose und schwerstvermittelbare Arbeitslose'," Bundesanzeiger, 16. Juni 1989.

SALOP, S. C. (1979): "A Model of the Natural Rate of Unemployment," *American Economic Review*, 69, 117–125.

SCHETTKAT, R. (1996): "Labor Market Flows Over the Business Cycle: An Asymmetric Hiring Cost Explanation," *Journal of Institutional and Theoretical Economics*, 152, 641–653.

SCHLICHT, E. (1975): "Kreislaufprinzip versus Grenzproduktivitätsprinzip in der Verteilungstheorie," *Zeitschrift für die gesamte Staatswissenschaft*, 131, 193–202.

——— (1978): "Labour Turnover, Wage Structure, and Unemployment," *Zeitschrift für die gesamte Staatswissenschaft*, 134, 337–345.

——— (1981): "Training Costs and Wage Differentials in the Theory of Job Competition," *Zeitschrift für die gesamte Staatswissenschaft*, 137, 212–221.

——— (1982): "Der Gleichgewichtsbegriff in der ökonomischen Analyse," *Jahrbuch für Sozialwissenschaft*, 33, 50–63.

——— (1985): *Isolation and Aggregation in Economics.* Springer, Berlin/Heidelberg/New York.

——— (1992): "Wage Generosity," *Journal of Institutional and Theoretical Economics*, 148, 437–451.

——— (1994): "Job Rents in a Stylized Dual Labor Market," Diskussionspapier, Universität München.

——— (1995): "Autonomous Wage Inflation," in *Determinanten der Lohnbildung*, hrsgg. von K. GERLACH UND R. SCHETTKAT, S. 187–205, Berlin. edition sigma.

SHAPIRO, C. UND J. E. STIGLITZ (1984): "Equilibrium Unemployment as a Worker Discipline Device," *American Economic Review*, 74, 433–444.

SOLOW, R. M. (1979): "Another Possible Source of Wage Stickiness," *Journal of Macroeconomics*, 1, 79–82.

SOLOW, R. M. UND J. E. STIGLITZ (1968): "Output, Employment, and Wages in the Short Run," *Quarterly Journal of Economics*, 82, 537–560.

STIGLITZ, J. E. (1987): "The Causes and Consequences of the Dependence of Quality on Price," *Journal of Economic Literature*, 25, 1–48.

THUROW, L. C. (1975): *Generating Inequality*. Macmillan, New York.

VOGT, W. (1996): "High Unemployment and Stabilisation Policy," unveröffentlichtes Manuskript.

V.WEIZSÄCKER, C. C. (1975): "Grenzen der traditionellen Globalsteuerung," *Jahrbücher für Nationalökonomie und Statistik*, 189, 1–41.

WALLICH, H. C. UND S. WEINTRAUB (1971): "A Tax-Based Incomes Policy," *Journal of Economic Issues*, 5, 1–19.

WEISS, A. (1980): "Job Queues and Layoffs in Labor Markets with Flexible Wages," *Journal of Political Economy*, 88, 526–538.

——— (1990): *Efficiency Wages.* Oxford University Press, Oxford.

WILLIAMSON, O. E., M. L. WACHTER UND J. E. HARRIS (1975): "Understanding the Employment Relation: The Analysis of Idiosyncratic Exchange," *Bell Journal of Economics*, 6, 250–280.

YELLEN, J. L. (1984): "Efficiency Wage Models of Unemployment," *American Economic Review*, 74, 200–205.